하나님의 본심

하나님의 본심

지은이 | 김문훈
초판 발행 | 2015. 8. 24

등록번호 | 제1988-000080호
등록된 곳 | 서울특별시 용산구 서빙고로 65길 38
발행처 | 사단법인 두란노서원
영업부 | 2078-3352   FAX | 080-749-3705
출판부 | 2078-3331

책값은 뒤표지에 있습니다.
ISBN 978-89-531-2359-5 03230

독자의 의견을 기다립니다.
tpress@duranno.com   www.duranno.com

두란노서원은 바울 사도가 3차 전도여행 때 에베소에서 성령 받은 제자들을 따로 세워 하나님의 말씀으로 양육하던 장소입니다.
사도행전 19장 8-20절의 정신에 따라 첫째 목회자를 돕는 사역과 평신도를 훈련시키는 사역, 둘째 세계선교(TIM)와 문서선교(단
행본·잡지) 사역, 셋째 예수문화 및 경배와 찬양 사역, 그리고 가정·상담 사역 등을 감당하고 있습니다. 1980년 12월 22일에 창
립된 두란노서원은 주님 오실 때까지 이 사역들을 계속할 것입니다.

하나님의 본심

김문훈

두란노

올해로 89세가 된 저는 지금도 변함없이 매일 여러 시간 성경을 공부합니다. 저와는 달리, 목사이지만 성도들에게 성경에 대한 것보다 자기 이야기를 더 많이 하는 분들도 텔레비전이나 행사에서 간혹 봅니다. 저는 그런 분들을 볼 때마다 자기 생각보다는 하나님의 말씀을 더 가까이 공부하여 설교하시기를 진심으로 바랍니다.

제가 김문훈 목사님을 이렇게 추천하는 것은, 무엇보다 성경 본문을 중심으로 말씀하시기 때문입니다. 김 목사님도 많은 사람들에게 사랑을 받고 텔레비전이나 큰 집회에서 큰 소리로 설교하시는 분 중 한 분이십니다. 목사님의 설교를 한참 접하고 나서 저는 마음속으로 참 고마웠습니다. 하나님 이야기를 하고, 성경을 설교하니 꼭 필요한 목회자요 꼭 들어야 할 메시지입니다.

저는 겉으로 보이는 것보다 더 뜨거운 김 목사님의 하나님을 향한 간절한 믿음, 성도들을 향한 목자의 마음을 보았습니다. 그 마음이 그대로 담긴 이 책의 메시지를 통해 하나님이 주시는 힘을 느끼시기를 바랍니다.

박희천(내수동교회 원로목사)

김문훈 목사님은 산전수전을 거치면서 영글어진 메신저입니다. 그는 존경받는 목회자요 부흥사입니다. 그리고 젊은이들의 가슴에 비전과 열정의 불을 지피는 성령의 불꽃입니다. 그분이 전하시는 메시지를 들을 때마다 두 주먹이 불끈 쥐어지고 가슴에 꿈과 희망이 솟아오릅니다. 쉽고 재밌고 생명력 넘치는 주옥과 같은 말씀들이 책으로 나오게 되어 정말 기쁩니다.

삶에 지치고 피곤할 뿐 아니라 쉽게 좌절하고 절망의 늪에 빠져 자신의 생을 쉽게 포기해 버리는 이 시대에 꼭 필요한 책이라고 사료됩니다. 읽는 이들로 하여금 희망 눈을 뜨게 하고 꿈과 열정에 사로잡혀 뛰어가게 할 것입니다. 읽으면 읽을수록 힘이 솟아오르는 것을 모두가 경험하게 될 것이기에 적극 추천합니다.

백동조(목포 사랑의교회 담임목사)

인생은 쉽지 않습니다. 더욱이 크리스천으로, 거룩하신 하나님의 자녀로 이 세상을 살아가는 것이 벅찰 때가 있습니다. 그때마다 우리는 주저앉기보다는 하나님의 말씀 앞에 다시금 서야 합니다. 많은 사람이 이 시대를 향하여 불안과 혼돈의 시대라고 부릅니다. 우울과 절망의 분위기가 우리를 사로잡고 있습니다. 말씀과 진리를 향해 나아가기가 만만치 않습니다. 그래도 우리가 힘을 낼 수 있는 이유는 세상 곳곳에서 하나님의 말씀이 울려 퍼지고 있기 때문입니다.

저자는 한국 교회와 성도들에게 말씀을 통하여 하나님이 주시는 참된 생명의 에너지와 생기를 불어넣고 있습니다. 현대 크리스천의 삶을 해결해 줄 수 있는 것은 말씀뿐이라고 생각하기 때문입니다. 말씀으로 회복되는 생기 있는 삶에 대한 저자의 열망은 생명력 있는 메시지가 되어 전해지고, 그 메시지를 모아 그림과 함께 묵상할 수 있는 책으로 탄생했습니다.

이 책은 우리가 처한 삶의 자리에서 안주하기보다는 하나님이 원하시는 세상을 향해 당당하게 맞서며 정복해 나가도록 도울 것입니다.

김병삼(만나교회 담임목사)

김문훈 목사님은 평소에도 늘 존경하며 본받고 싶은 목회자입니다.
저는 김문훈 목사님과 지리적으로 가까운 곳에서 목회하고 있습니
다. 집회 등으로 그 바쁘신 일정 중에도 성도 한 분 한 분을 찾아보
고 돌보는 모습을 볼 때마다 목회자로서 전율을 느낄 때가 한두 번
이 아닙니다. 메마른 부산 땅에서 목사님을 통한 영혼 구원의 기적
적 역사가 그냥 일어나는 것이 아님을 알게 되었습니다. 설교자로서
의 열정과 교회에 처음 온 사람들도 알아들을 수 있는 쉽고 명확한
설교는 수많은 사람들에게 힘과 용기와 회심을 일으키고 있습니다.
이번 《하나님의 본심》이라는 저서를 통하여 침체된 한국교회에 믿
음의 활력을 불어넣는 역사가 일어나기를 바랍니다.

손현보(세계로교회 담임목사)

차/례

추천사

서문

3부 본심 중심 … 놓치지 않는 자에게 은혜가 있습니다

서/문

저는 스마트폰을 잘 사용하지 못합니다. 대신, 제 가방에는 늘 잊지 않고 들고 다니는 것이 있습니다. 스마트폰을 잘 사용하는 사람이라면 아마 저와는 다른 방법을 쓸 것 같습니다. 부산에서 목회를 하고 있지만 저는 제 메시지를 듣고 싶어하는 사람들이 있다면 전국 어디든 최대한 가려고 노력을 합니다. 그렇다 보니 제 가방 속에는 A4 용지에 빼곡하게 적힌 일정표가 있습니다. 스마트폰을 유용하게 쓰는 이들이라면 일정과 장소, 거리 이동 등 다양한 도구들도 연동되어 꽤 효율적으로 관리하시겠지요. 다들 아시겠지만 관리는 관심에서 시작하지요.

혹여 제 일정표를 보게 되는 이들은 무슨 일정이 이리도 많은가 하십니다. 하지만 제가 만나는 많은 목회자들 중 어느 한 분도 시간이 여유롭다고 말씀하시는 것을 들은 기억이 없습니다. 목회자들의 시간은 언제나 성도 가까이, 교회 가까이에 있어 자신에게 쓸 여유는 별반 없는 것 같습니다. 그런데도 저는 목회가 참 즐겁습니다. 성도들을 만나고, 하나님을 알고 싶어하는 영혼들을 만날 때마다 하나님이 어떻게 일하시는지 생생하게 느낍니다. 책을 읽는 재미도 크지만 사람을 읽는 재미도 꽤 큽니다.

그때마다 하나님은 제게 말씀만이 영혼에 전인격적인 변화를 줄 수 있음을 깨닫게 하십니다. 저는 수많은 집회와 행사에서 말씀을 전하지만, 제가 전하는 단 하나의 메시지를 꼽으라면 저는 바로 이것입니다. 말씀에 나타난 하나님의 본심입니다. 저는 대상이 누구든, 집회 성격이 어떻든 놓치지 않고 하나님의 말씀을 전하려 하고, 그 속에서도 반드시 하나님의 본심을 전하려 합니다. 내 마음 나도 몰라가 아닌, 주인 닮은 정원을 만들려고 합니다. 헛된 마음 버리고 말이지요.

저는 이 책을 통해서 하나님의 본심을 전하고 싶습니다. 하나님을 믿는다고 하지만 하나님을 믿고 따르는 것이 현실 생활에서 아무런 영향력을 끼치지 않을 때 성도들은 좌절하고 실족하는 것을 봅니다. 그때 우리의 마음에는 잡초가 자라는 것을 얼마나 많이 보았는지 모릅니다. 그리고 우리는 울면서 주님께 기도합니다. 나에게 왜 이런 시련이 있고, 나의 이 힘든 상황을 보고 계시느냐고 주님께 항변합니다. 그러나 그 속에 말씀을 잊고 있어, 하나님의 본심은 온데간데 보지 못하고 현실에만 집중하는 실수를 저지르곤 하지요.

　제가 성도들에게 해왔던 많은 메시지의 열매가 있다면, 아마 하나님을 기억해 내어 다시금 하나님을 믿고 따르게 하는 것이었을지도 모릅니다. 제가 한 것이 아니라, 제 속에서 날마다 순간마다 깨우치시는 말씀의 열매입니다. 저는 늘 시간을 쪼개어 말씀을 공부하려 하고, 늦은 시간까지 말씀에 매달립니다. 저는 참 어리석은 사람이어서 유식하게 표현하기보다는 심플하고 핵심적으로 표현하는 것이 좋고, 알아듣기 쉽고 귀에 쏙 박히는 표현으로 전달하는 것을 즐깁니다. 그것이 하나님이 제게 주신 은사요, 성도들에게 말씀과 하나님을 가까이하게 하는 통로였습니다. 하지만 그 수많은 통로들을 지나면 하나님의 형상을 회복하게 되기를 바라고 있습니다. 울고 쓰러져 있던 상처의 역사에서 회복의 역사가 일어나고, 반전의 역사가 일어나기를 기도합니다.

　우리 마음은 하나님의 형상이 자라지 못하게 하는 잡초가 가득한 곳이 아니라, 주님만 모시는 거룩한 처소가 되어야 합니다. 그러기 위해 하나님의 본심을 기억해야 합니다. 하나님의 본심에 우리의 마음과 영혼을 맞추어 성도의 길을 걸어야 합니다. 그 길에 거룩이 있고 진리가 있고 평안이 있고 믿음의 자람이 있습니다. 그 길을 애써 걸어가는 우리를 향해 하나님은 '좋구나' 하고 기뻐하실 것입니다.

저는 이 책을 통해 성도들이 하나님의 본심을 기억하며, 다시 한번 믿음의 생기와 영혼의 활력을 얻기를 소원합니다. 하나님이 불어주시는 근원적인 생기가 한국 교회와 성도들에게 불어넣어져 주님 닮은 포도 향기가 가득하여지기를 꿈꿉니다.

2015년 8월
포도원지기 김문훈 목사

1부

본심 공부

무엇보다 본심을 탐구하십시오

본질과 핵심

"그런즉 너희는 먼저 그의 나라와 그의 의를 구하라 그리하면 이 모든 것을 너희에게 더하시리라 그러므로 내일 일을 위하여 염려하지 말라 내일 일은 내일이 염려할 것이요 한 날의 괴로움은 그날로 족하니라"(마 6:33-34).

산상보훈은 예수님이 산 위에서 가르쳐 주신 보석과 같은 말씀입니다. 우리는 예수님의 말씀에서 어디에 우리의 관심과 호기심을 집중해야 하는가, 우리가 기도해야 하는 내용은 무엇인가, 그리고 우리는 어떻게 만족하며 살아갈 수 있는가 등 세 가지 주제를 찾아볼 수 있습니다.

첫째, 우리는 하나님의 나라와 그분의 의에 관심을 두어야 합니다. 사람에게는 구하고 찾고 사모하는 관심 사항이 중요합니다. 하나님은 건강을 주시기 전에 먼저 입맛을 주십니다. 입맛이 동하고 밥맛이 생기는 것이 건강의 징조이듯이 기도와 관심이 집중되는 대상에 따라 신앙의 품격이 결정되는 것입니다. 마태복음 6장 20절은 "오직 너희를 위하여 보물을 하늘에 쌓아 두라"라고 말합니다. 이 땅에 보물을 쌓아 두면 도둑이 들고 벌레가 먹기 때문이죠. 21절은 "네 보물 있는 그곳에는 네 마음도 있느니라"라고 말합니다. 물질이 가는 곳에 마음이 따라가기 마련이에요. 또한 24절은 "하나님과 재물을 겸하여 섬기지 못하느니라"라고 말합니다. 물질과 하나님을 같은 수준으로 보고 있습니다. 물질은 이처럼 막강한 영향력을 지니고 있습니다. 우리는 물질이나 세상이 아니라 오직 하나님께 관심을 두어야 합니다.

둘째, 우리는 기도하되 하나님의 나라와 그분의 의를 구해야 합니다. 31절은 "그러므로 염려하여 이르기를 무엇을 먹을까 무엇을 마실까 무엇을 입을까 하지 말라"라고 하며, 32절은 "이는 다 이방인들이 구하는 것이라"라고 말합니다. 33절에서 예수님은 "너희는 달라야 한다. 먼저 구할 것이 있는데, 그 내용은 먼저 그의 나라와 그의 의를 구하는 것이다. 그리하면 하나님이 이 모든 것을 너희에게 더하시리라"라고 말씀하셨습니다.

셋째, 우리는 최선을 다하되 만족하는 삶을 살아야 합니다. 욕심 부려 구하기만 하지 말고 한 날의 괴로움은 그날로 족한 줄로 알아야 합니다. '경천애인(敬天愛人)', 즉 하나님을 공경하고, 사람을 사랑하고, 최선을 다한 뒤에는 어떻게 해야 할까요? 자족할 줄 알아야 합니다. 이것이 마태복음 6장 산상보훈의 말씀입니다.

믿음이 없이는 하나님을 기쁘시게 할 수 없고, 하나님은 그분을 찾는 자들에게 상 주시는 분이십니다(히 11:6). 우리는 하나님을 찾고 구하는 삶을 살아야 합니다. 헛된 데 굴복하거나 부질없는 것을 따라가고 걱정하느라 인생을 소비해서는 안 됩니다. 우선순위를 정해 선택하고 판단하며 살아가야 합니다. 선택과 집중이 필요합니다. 수많은 일들 중에서 핵심 가치를 붙잡고 살아야 합니다. 신변잡기에 강하기보다 한 가지에 집중해야 하고, 자기만의 주특기, 전문성을 가져야 합니다.

기도에는 먼저 구할 것이 있고 나중에 구할 것이 있습니다. 기도에도 우선순위가 있다는 뜻이죠. 우리는 인생을 덧없이 살아가거나 엉뚱한 데 에너지를 쏟을 때가 많습니다. 하나님은 의롭고 거룩한 분이시기 때문에 본질에 충실해야 합니다. 비본질적인 것 때문에 갈등하지 마세요. 기본으로 돌아가 하나님의 본심을 기억하고 하나님의 형상인 의와 거룩과 진리를 회복하십시오. 그리고 우리는 무엇보다 하나님과의 첫사랑을 회복해야 합니다.

하나님은 좋은 분이십니다. 살다가 어려운 일을 당하거든 하나님이 우리를 아프게 하려고 주신 가시라고 생각하지 마세요. 예방 주사를 놓아 깨어 있으라는 뜻에서 주신 시험일 뿐 하나님을 오해해서는 안 됩니다. 하나님의 나라와 그분의 의를 구하는 것, 하나님과의 관계가 가장 중요한 것입니다.

우리는 영혼이 잘됨같이 범사에 잘되어야 합니다. 영적인 부분에 투자해야 합니다. 육신의 정욕, 안목의 정욕, 이생의 자랑은 사람을 점점 피곤하고 우울하게 만듭니다. 그리스도인은 세상 것들에서 관심을 돌려 이웃을 위해 기도하고, 교회 공동체를 위해 기도하고, 조국과 민족을 위해 기도함으로 기도의 제목과 영역을 확대해야 합니다.

기도에는 '3확'이 있어야 합니다. 기도의 시간을 '확'보하고, 기도의 대상을 '확'대하고, 기도의 응답을 '확'신해야 합니다. 쉬지 말고 기도함으로 기도의 끈을 놓지 마십시오. 기도에 틈이 생기면 마귀가 틈을 탑니다.

하나님의 나라를 대망하는 우리는 하나님 나라의 시민권자요 왕 같은 제사장이기 때문에 소속감이 달라야 하고 가치관이 달라야 합니다. 하나님은 우리에게 하나님의 나라와 그분의 의를 구하라고 말씀하십니다. 이기적인 기도를 버리고, 공익을 구하고, 본질과 핵심, 기본과 상식을 붙잡아야 합니다.

신앙인의 본업은 전도자입니다. 다른 직업은 사실 부업에 불과합니다. 사람들에게 인정받기 위해 하는 일, 돈을 얻고자 하는 일은 사람을 금방 피곤하게 합니다. 하지만 하나님이 부탁하신 사명은 아프고 피곤해도 감당합니다. 하나님의 나라와 그분의 의를 구하는 것이 그리스도인의 본업이기 때문입니다. 보너스는 따라오는 것이지 그것을 얻고자 목숨 걸어서는 안 됩니다. 핵심과 본질을 붙잡아야 합니다. 주인의식을 가지고 주도적으로 주류가 되어야 하는 것입니다.

때로 경쟁심과 시기심이 강해서 스스로를 피곤하게 하는 사람들을 만나게 됩니다. 알고 보면 그들은 다 부질없는 것, 썩어 없어질 것들을 좇고 있는 것입니다. 우리는 '추월자'가 되어 경쟁에 시달리며 살지 말고 내려놓는 축복을 누리는 '초월자'가 되어야 합니다. 내가 주인 삼은 것을 모두 내려놓는 자유, 포기하는 축복, 지는 것이 이기는 것. 이 원리들을 알아야 합니다. 주님의 제자는 자기를 부인하고 자기 십자가를 지고 주님을 좇는 자입니다. 편리가 아니라 진리를, 재미가 아니라 의미를 따라가야 합니다. 하나님의 나라와 의, 천국을 대망하면서 하나님이 기뻐하시는 삶을 살고자 노력해야 합니다.

우리는 언약 백성입니다. 언약에는 세 가지가 있습니다.

첫째, 하나님과의 언약입니다. 하나님은 당신을 사랑하는 자를 사랑해 주시고, 두드리는 자에게 열어 주시고, 구하는 자에게 좋은 것을 주겠다고 약속하셨습니다. 또 기도하는 자에게 응답해 주시고, 사랑해 주시며, 영생을 주겠다고 약속하셨습니다. 우리가 하나님을 경외하는 마음을 유지해야 하는 이유가 바로 이 때문입니다. 삼가 두려워 떨어야 합니다. 하나님 앞에서 방자하거나 은혜를 헛되이 받아서는 안 됩니다. 하나님이 우리에게 원하시는 것은 하나님의 나라와 그분의 의를 구하는 것입니다.

둘째, 사람과의 언약입니다. 아무리 자녀, 혹은 아랫사람이라 할지라도 함부로 대해서는 안 됩니다. 열 길 물속은 알아도 한 길 사람 속은 모르는 법입니다. 모든 사람을 사랑과 존경과 신뢰의 대상으로 여겨야 합니다. 사람 어려운 줄 알아야 합니다.

셋째, 가장 중요한 약속은 바로 자기와의 약속입니다. 자기와의 약속을 잘 지키는 사람이 진정 훌륭한 사람입니다. 자기에게는 철저하고 타인에게는 관용을 베풀어야 합니다.

우리는 '3과'를 해서는 안 됩니다. 과속, 과로, 과식입니다. 모두 욕심의 산물입니다. 끝없는 욕망에 사로잡히면 자기는 물론 주변 사람을 힘들게 할 수 있습니다. 그러니 욕심을 내려놓아야 나도 살고 남도 삽니다.

먼저 하나님의 나라와 그분의 의를 구하라는 말씀은 기도하는 사람, 순전하고 신령한 젖을 사모하는 사람을 가까이하라는 뜻입니다. 우리는 하나님의 사람들과 소통해야 합니다. 사람을 신뢰하고 키우십시오. 결국은 사람입니다. 그보다 먼저 하나님과의 소통을 원활하게 만드십시오. 예배 시간을 막힘없이 확보하고 기도 시간을 반드시 사수하십시오.

26절은 "공중의 새를 보라 심지도 않고 거두지도 않고 창고에 모아들이지도 아니하되 너희 하늘 아버지께서 기르시나니"라고 말하고, 30절은 "오늘 있다가 내일 아궁이에 던져지는 들풀도 하나님이 이렇게 입히시거든"이라고 말합니다. 그러면서 아무것도 염려하지 말고 오직 하나님의 나라와 그분의 의를 구하라고 명령합니다.

우리는 무엇에 관심을 두고 있고, 무엇을 구하고 있습니까? 무엇이 본질이고 무엇이 핵심인지 알고 있나요? 하나님이 기뻐하시는 것으로 중심을 잡고 우선순위를 선택해 세월이 지나갈수록 기쁨을 일파만파 퍼뜨리는 삶을 살아가야 합니다. 그러한 삶의 결론은 무엇일까요? 바로, 감사와 나눔이 풍성한 사람이 되는 것입니다. 행복한 사람이 되는 지름길입니다. 늘 선택의 기로에 설 때마다 주님이 기뻐하시는 자리에 서고, 자신을 필요로 하는 자리에 우뚝 설 수 있기를 바랍니다.

변화와 분별

"그러므로 형제들아 내가 하나님의 모든 자비하심으로 너희를 권하노니 너희 몸을 하나님이 기뻐하시는 거룩한 산 제물로 드리라 이는 너희가 드릴 영적 예배니라 너희는 이 세대를 본받지 말고 오직 마음을 새롭게 함으로 변화를 받아 하나님의 선하시고 기뻐하시고 온전하신 뜻이 무엇인지 분별하도록 하라" (롬 12:1-2).

로마서 12장 1절에는 '그러므로'라는 단어가 나옵니다. '그러므로'는 로마서 1-11장까지 바울이 기독교 교리에 대해 자상하게 가르쳐 준 뒤 12-16장의 주제인 '이제 어떻게 살 것인가'를 연결해 주는 접속사입니다. 즉 이론과 실제, 말씀과 적용을 연결 짓는 단어인 것이죠.

로마서에 기록된 교리적인 부분을 살펴보면 이렇습니다. 1장에는 기독교의 핵심인 구원, 칭의, 성화에 대한 말씀이 나옵니다. 특히 16절에는 "내가 복음을 부끄러워하지 아니하노니 이복음은 모든 믿는 자에게 구원을 주시는 하나님의 능력이 됨이라"라고 기록되어 있습니다.

복음이 무엇입니까? 복음이란 기쁜 소식입니다. 우리는 복음을 부끄러워해서는 안 됩니다. 복음은 믿는 자에게 구원을 주시는 하나님의 능력입니다. 성경에 나오는 여러 단어 중에 가장 중요한 단어가 '구원'입니다. 죽음을 앞둔 사람에게 가서 물어보세요. 그에게는 영생을 얻을 것인가, 영벌에 떨어질 것인가가 가장 중요한 문제입니다. 그렇습니다. 구원받은 것은 축복이요 성공이며 평안인 것입니다.

17절은 "복음에는 하나님의 의가 나타나서 믿음으로 믿음에 이르게 하나니 기록된 바 오직 의인은 믿음으로 말미암아 살리라 함과 같으니라"라고 말합니다. '의인은 믿음으로 말미암아 산다'는 것은 기독교 교리의 핵심입니다. 자, 우리는 여기서 의인에 대해 생각해 봐야 해요. 의인이란 하나님과의 관계가 올바른 사람을 말합니다. 하나님과의 관계가 좋다는 것은 하나님을 경외하고 하나님 아버지의 본심을 기억한다는 뜻입니다. 경외란 하나님을 두려워하고 공경하고 사랑하는 세 가지 감정이 혼합된 것을 뜻합니다.

3장 23절은 "모든 사람이 죄를 범하였으매 하나님의 영광에 이르지 못하더니"라고 말합니다. 기독교는 인간의 전적 부패를 가르칩니다. 모든 사람은 죄를 범했기 때문에 구원받을 가망이 전혀 없습니다. 그러나 놀랍게도 24절은 "그리스도 예수 안에 있는 속량으로 말미암아 하나님의 은혜로 값없이 의롭다 하심을 얻은 자 되었느니라"라고 말합니다.

하나님은 모든 자녀가 잘되기를 바라십니다. 그러나 모든 사람이 죄를 지었기 때문에 누구도 천국에 들어갈 수가 없게 되었습니다. 이 딜레마를 예수님이 오셔서 찔리심으로, 맞으심으로, 죽어 피 흘리심으로 해결해 주셨습니다. 그로써 우리로 하여금 구원에 이르게 하신 것입니다.

수고의 땀 흘림이 없이는 성공이 없고, 눈물의 기도 없이는 응답이 없으며, 피 흘림이 없이는 사하심이 없습니다. 구약시대에는 사람이 죄를 지으면 반드시 피를 흘려야 속죄가 이루어졌습니다. 그렇습니다. 죄에는 반드시 대가가 있기 마련입니다. 이 말씀이 6장 23절에 나옵니다. "죄의 삯은 사망이요 하나님의 은사는 그리스도 예수 우리 주 안에 있는 영생이니라." 죄는 반드시 우리를 사망으로 끌고 갑니다. 하나님이 우리를 향해 가지고 계시는 본심은 영생이요 구원이며 축복입니다. 예수님이 십자가에서 우리의 죄를 덮어쓰고 속량하셨기 때문에 우리가 자유를 얻었고, 하나님의 은혜로 값없이 의롭다 하심을 얻게 된 것입니다. 이 사실을 믿으십니까?

26절은 "이와 같이 성령도 우리의 연약함을 도우시나니 우리는 마땅히 기도할 바를 알지 못하나 오직 성령이 말할 수 없는 탄식으로 우리를 위하여 친히 간구하시느니라"라고 말합니다. 성령님과의 관계는 그 사람의 성공과 실패를 결정짓습니다. 오직 성령 충만을 받을 때 모든 관계와 일이 형통합니다. 그 이유가 뭘까요? 성령님만이 우리의 연약함을 도와주시고, 우리를 변호하시고 가르쳐 주시기 때문입니다.

28절은 "우리가 알거니와 하나님을 사랑하는 자 곧 그의 뜻대로 부르심을 입은 자들에게는 모든 것이 합력하여 선을 이루느니라", 30절은 "또 미리 정하신 그들을 또한 부르시고 부르신 그들을 또한 의롭다 하시고 의롭다 하신 그들을 또한 영화롭게 하셨느니라"라고 말합니다. 사람이 아무리 마음으로 경영하고 계획할지라도 하나님이 다 작정하시고 섭리하십니다. 하나님이 미리 정하시고, 정하신 자를 부르시는 것입니다. 그리고 부르신 자를 의롭다 하시고, 의롭다 하신 자를 영화롭게 하십니다. 영화란 성화를 말합니다. 성화란 오랜 세월을 두고 말씀을 묵상하고, 주님 앞에 나와서 회개함으로 변화를 받아 서서히 주를 닮아 가는 것을 말합니다.

그렇습니다. 우리는 주님 오시는 그날까지 적금 붓듯 살아야 합니다. 한 판 뒤집기를 꿈꾸기보다 조금씩 돈을 모아 적금을

붓듯이 조금씩 건강을 관리하고 삶을 살아 나가야 한다는 뜻입니다.

교리 부분의 마지막은 11장 36절로, "이는 만물이 주에게서 나오고 주로 말미암고 주에게로 돌아감이라 그에게 영광이 세세에 있을지어다 아멘"이라고 기록되어 있습니다. 하나님의 절대 주권을 말합니다. 저는 여기서 더 나아가 하나님이 100퍼센트, 사람이 100퍼센트라고 생각합니다. 왜냐하면 하나님이 100퍼센트 모든 것을 주관하시고 섭리하시고 인도하시지만 사람이 믿음대로, 꿈꾼 대로, 소원대로, 심은 대로, 행한 대로 복을 받기 때문입니다.

이제 교리에 관한 설명이 충분히 이루어진 후 실천과 적용에 관한 말씀이 나옵니다. 바울은 '그러므로'라는 접속사를 이용해 복음과 의인, 성화, 하나님의 주권에 대한 실천과 실제를 이야기하기 시작합니다. 말씀을 다시 한 번 볼까요?

"그러므로 형제들아 내가 하나님의 모든 자비하심으로 너희를 권하노니 너희 몸을 하나님이 기뻐하시는 거룩한 산 제물로 드리라 이는 너희가 드릴 영적 예배니라 너희는 이 세대를 본받지 말고 오직 마음을 새롭게 함으로 변화를 받아 하나님의 선하시고 기뻐하시고 온전하신 뜻이 무엇인지 분별하도록 하라"(롬

12:1-2).

결국은 몸입니다. 몸을 거룩한 산 제물로 하나님께 드리라는 말씀인 것이죠. 이 시대의 대세는 건강입니다. 그런데 우리는 몸을 우상으로 삼아서는 안 됩니다. 몸이 주어가 되고, 목적이 되게 해서는 안 됩니다. 우리 몸을 하나님이 기뻐하시는 일에 사용해야 하는 것입니다.

선택할 때는 기준이 있어야 합니다. 분별하여 올바르게 선택해 변화하지 못하면 어떻게 될까요? 변질되기 쉽습니다. 우리는 매일 아침마다 변화되어야 합니다. 특별히 몸이 우상이 되지 않도록 우리 몸을 깨끗하고 거룩하게 해야 합니다. 거룩이란 구별된다는 뜻입니다. 구별이란 쉽게 말해 보기 드문 것, 좀 다른 것입니다. 남다르게 살아가고 있습니까?

1절을 보면 "너희 몸을 하나님이 기뻐하시는 거룩한 산 제물로 드리라"라고 말합니다. 산 제물이란 희생 제물을 뜻합니다. 하나님께 우리의 몸과 마음을 거룩하게 드리는 것이 뭘까요? 예배입니다. 예배에 성공하면 모든 것에 성공합니다. 그렇잖아요. 그리스도인들이 가질 수 있는 최고의 호칭은 '예배자'입니다. 하나님은 영과 진리로 예배드리는 자를 기뻐하십니다. 디모데전서 4장 5절은 "하나님의 말씀과 기도로 거룩하여짐이라"라고 말합니다. 찬양과 말씀, 그리고 기도 중에 하나님이 우리의 마음을 만지심으로 우리가 거룩하게 변화되어 가는 것입니다. 예배를 통해 우리가 아버지 하나님의 마음을 알게 되고, 예배를 통해 하나님을 만나게 되는 것입니다. 그러므로 우리는 목숨 걸고 예배를 드려야 합니다.

모든 것은 지나갑니다. 풀은 마르고 꽃은 시듭니다. 사라지는 세상 풍조에 연연하지 말고 속사람을 단장하십시오. 껍데기만 치장하는 이 시대의 피상적인 문화에 끌려다니지 말고 마음을 새롭게 함으로 변화를 받으십시오. 우리는 분별과 판단, 그리고 선택에 집중해 흐르는 세월과 함께 변화의 주인공이 되어야 합니다. 탁월한 선택, 탁월한 분별력을 가지고 지혜로운 삶을 살아가기를 바랍니다.

버림과 잡음

"내가 이미 얻었다 함도 아니요 온전히 이루었다 함
도 아니라 오직 내가 그리스도 예수께 잡힌 바 된 그
것을 잡으려고 달려가노라 형제들아 나는 아직 내가
잡은 줄로 여기지 아니하고 오직 한 일 즉 뒤에 있는
것은 잊어버리고 앞에 있는 것을 잡으려고 푯대를 향
하여 그리스도 예수 안에서 하나님이 위에서 부르신
부름의 상을 위하여 달려가노라"(빌 3:12-14).

빌립보서 3장은 달리기에 대한 말씀입니다. 단거리든 장거리든
달리기는 무조건 앞만 보고 뛰는 것이 아닙니다. 마라톤에 출
전하기 위해서는 적어도 두세 달은 몸을 훈련시키고 컨디션을
최대한 끌어올려야 합니다. 만약 갑자기 뛰면 어떻게 될까요?
사고가 납니다. 그리고 초반에 성급하게 뛰어 페이스 조절을
잘 못하면 42.195킬로미터를 완주하는 데 실패하고 맙니다. 그
렇습니다. 달리기를 잘하기 위해서는 상당한 작전과 준비가 필
요한 것입니다.

　우리가 아무리 열심히 살아도 인생의 목적은 성공도 아니고

성취도 아닙니다. 바울은 달리기를 하는데 자신은 이미 얻은 것도 아니고 이룬 것도 아닌데 그냥 달린다고 말했습니다. 생각해 보십시오. 좀 이상한 달리기 아닙니까? 그런데 말이죠, 사실 이것은 무슨 일을 당하든지 주님의 장중에 붙잡혀 있기 때문에 끄떡없다는 뜻입니다.

우리는 인생을 살다가 사표를 내지 못합니다. 죽으나 사나 가야 합니다. 그렇지 않습니까? 우리 인생의 달리기는 한도 끝도 없으며, 숨이 끊어지는 날 비로소 끝이 나는 것입니다. 그뿐만이 아닙니다. 주만 바라보며 달려가는 마라톤은 달리는 동안 그 누구도 "성공했다. 다 이루었다"고 말할 수도 없습니다. 그냥 달려가는 것입니다. 오직 예수님께 잡힌 바 된 것을 잡으려고 달려가는 것입니다.

하나님은 여호수아를 부르실 때 좌로나 우로나 치우치지 말고 중심을 잡으라고 말씀하셨습니다. 그래서 다음 세대의 지도자가 되라고 하셨습니다. 잠언 30장에서 아굴은 "가난하게도 마옵시고 부하게도 마옵시고"(8절)라고 기도했습니다. 돈이 너무 많아서 잘난 척하지도 말고, 돈이 너무 없어서 비굴하게 살지도 말게 해 달라고 기도한 것입니다. 예수님은 산상보훈에서 무엇을 먹을까, 무엇을 마실까, 무엇을 입을까 염려하지 말고 한 날의 괴로움도 족한 줄로 여기라고 말씀하셨습니다.

우리가 삶을 성공 위주로 살아가는 것은 불행한 일입니다. 성공한들 허망할 뿐이죠. 과정의 축복을 누릴 수 있어야 합니다. 오늘 하루가 있든 없든, 원하는 대로 되든 안 되든 감사해야 합니다.

성경은 "뱀같이 지혜롭고 비둘기같이 순결하라"(마 10:16)라고 말합니다. "은혜와 진리가 충만하더라"(요 1:14)라고 말하기도 합니다. 잘 보십시오. 모두 대치적인 표현입니다. 뱀은 자유자재로 자기 몸을 변화시킬 수 있습니다. 변화무쌍한 현실에 적응해서 하나님께 영광을 돌리라는 뜻입니다. 이를 가리켜 성경은 지혜롭다고 말합니다. 그러나 순결을 강조하는 사람의 입장에서 한번 봐 보세요. 뱀은 간사하기 이를 데 없지 않습니까? 한편 순결만을 강조하는 사람은 지나치게 고집이 세고 자존심이 강하고 배타적입니다. 이런 대치적인 관계는 은혜와 진리에 있어서도 적용됩니다. 그러나 신비롭게도 신앙 안에서는 둘이 조화를 이룹니다. 생사와 존재와 소유를 떠나서 좌로나 우로나 치우치지 말고, 가난하지도 않고 부하지도 않고. 우리는 이 상태를 가리켜 '중용'이라고 합니다.

사도 바울은 얻은 것도 없고 이룬 것도 없지만 뒤에 것은 잊어버리고 앞에 것을 잡으려고 푯대를 향해 부름의 상을 위해서 달려간다고 말했습니다. 우리는 항상 신앙을 미래 지향적으로 가져야 합니다. 항상 주를 향해 달려가야 합니다. 인생은 앞서거니 뒤서거니 하는 것입니다. 계속 페달을 밟아야 하는 것이죠. 뒤에 것은 잊어버리고 앞만 보고 부름의 상을 바라보며 달려가야 합니다. 그리고 또 하나, 달리기를 할 때는 거추장스러운 것을 모두 벗어 버리고 홀가분하게 뛰어야 합니다. 욕심을 붙잡고 하나도 포기하지 않으니 인생이 그리 복잡하고 혼잡한 것입니다.

내려놓음의 축복, 포기의 축복, 버림의 자유를 누릴 수 있어야 합니다. 로켓은 하늘로 올라갈수록 연료 탱크, 산화제 탱크 등을 모두 떨어뜨리고 제일 마지막에는 인공위성만 올라갑니다. 우리 인생도 마찬가지예요. 세월이 지날수록 많이 버리고 떠나고 내려놓는 사람이 진정한 부자요 자유인이요 성공인이 됩니다. 더도 말고 덜도 말고, 가난하게도 말고 부하게도 말고, 뒤처지지도 말고 너무 앞서지도 않는 것, 그것이 실력이요 수준입니다.

400미터 이어달리기는 한 명도 휘청거리지 않고, 배턴을 놓치지 않고, 선수들이 수레바퀴 돌듯 연결되어야 우승할 수 있습니다. 인생도 그렇지 않습니까? 인생 축 가운데 어느 한 곳만 무너져도 인생 달리기에서 주저앉게 됩니다. 얼마나 많은 사람들이 인생 달리기를 완주하지 못한 채 이탈하고 포기했는지 모릅니다.

하나님은 공평한 분이십니다. 한 시절 잘살았다고 천 대 만 대 잘사는 법이 없습니다. 십 년 가는 권력이 없습니다. 그래서 있는 사람은 없는 사람을 돌보아야 합니다. 그러다 보면 세월 이 지나 없었던 사람이 있었던 사람을 돌보게 되는 법입니다. 성경은 "선 줄로 생각하는 자는 넘어질까 조심하라"(고전 10:12)라 고 말합니다. 심은 대로 거두는 법입니다.

우리는 가졌다고 잘난 척하지 말고, 없다고 비굴하지 말고, 잘나간다고 너무 속력 내지 말고, 못 나간다고 낙심하거나 포기 하지 말아야 합니다. 좌로나 우로나 치우치지 말고, 가난하지 도 부하지도 않은 중간치를 잘해야 합니다. '더도 말고 덜도 말 고'가 진정한 실력입니다.

평상시의 속도대로 평온하게 살기 위해서는 어떻게 해야 할 까요? 남다른 노력이 필요합니다. 남이 잠잘 때 일하고, 남이 쉴 때 일하고, 남이 놀 때 공부하고 최선을 다해야 합니다. 이것 이 신앙의 페이스를 유지하는 비결입니다.

우리 인생 달리기의 페이스는 어떻습니까? 거리 유지, 체온 유지를 잘하고 있습니까?

살다 보면 하나님이 엄격하게 우리를 지명하시고 강권적으 로 요구하실 때가 있습니다. 그런데 그때가 가장 행복한 때입니다. 우리가 하나님 손에 잡혀 있을 때가 제일 자유로운 때라는 것입니다. 오늘날 현대인들은 자유와 독립을 요구합니다. 하지만 참된 독립은 주 안에 강하게 잡혀 있을 때 가능한 줄로 믿습니다. 그때가 가장 편안하고 안전합니다. 얼마나 많은 사람이 잡으려고, 성공하려고 합니까? 내가 이루었다고 성공이 아닙니다. 다 부질없고 불타 없어질 것들에 불과합니다.

우리는 부름의 상을 위해서 주만 바라보고, 뒤에 것은 잊어버리고, 주님께 붙잡힌 바 된 그것을 잡으려고 달려가야 합니다. 우리는 인생 달리기를 하면서 기도 가운데 방향과 페이스, 체온, 거리를 각자의 방식대로 조절해야 됩니다. 주님 앞에 서기까지 인생 달리기에서 페이스 조절을 하면서 가난하지도 부하지도 않게, 좌로나 우로나 치우치지 않게 영혼을 관리하십시오. 순간순간 회개하고 궤도를 수정함으로 삶의 속도를 조절하십시오.

인생은 아무도 책임져 주지 않습니다. 그렇습니다. 우리는 모두 어느 날 주님이 부르시면 가야 합니다. 그러므로 어린아이같이 욕심 부리지 말고 생사와 소유를 떠나, 성공과 실패를 떠나, 더도 말고 덜도 말고 항상 속도를 유지하며 주님 오시는 그날까지 인생 달리기를 완주할 수 있기를 바랍니다.

우리는 인생 달리기를 하면서
기도 가운데 방향과 페이스, 체온, 거리를
각자의 방식대로 조절해야 됩니다. 주님 앞에 서기까지
인생 달리기에서 페이스 조절을 하면서
가난하지도 부하지도 않게, 좌로나 우로나 치우치지 않게
영혼을 관리하십시오. 순간순간 회개하고 궤도를 수정함으로
삶의 속도를 조절하십시오.

물꼬를 틔우는 사람들

"가이사랴에 고넬료라 하는 사람이 있으니 이달리야 부대라 하는 군대의 백부장이라 그가 경건하여 온 집안과 더불어 하나님을 경외하며 백성을 많이 구제하고 하나님께 항상 기도하더니 하루는 제 구 시쯤 되어 환상 중에 밝히 보매 하나님의 사자가 들어와 이르되 고넬료야 하니 고넬료가 주목하여 보고 두려워 이르되 주여 무슨 일이니이까 천사가 이르되 네 기도와 구제가 하나님 앞에 상달되어 기억하신 바가 되었으니 네가 지금 사람들을 욥바에 보내어 베드로라 하는 시몬을 청하라"(행 10:1-5).

성경적으로, 또 신학적으로 볼 때 사도행전 10장은 매우 중요합니다. 그동안 머물러 있던 복음이 사도행전 10장에 와서 봇물 터지듯 보편적으로, 열방으로 흘러 나갔기 때문입니다. 그 시작은 고넬료에게서 비롯되었습니다. 초대교회 당시 하나님께 아름답게 쓰임 받은 사람 고넬료. 그를 통해 쓰임 받는 사람, 다른 사람들에게 중요한 영향력을 미치는 사람의 특징에 대해 살펴보도록 합시다.

시골에 가 보면 논에 물이 넘어 들어오거나 나가게 하기 위해 만들어 놓은 좁은 통로가 있습니다. 그것을 물꼬라고 합니다.

물이 많을 때는 물꼬를 틔워 흘려보내야 농사가 잘됩니다. 만약 욕심껏 아깝다고 가두어 두면 어떻게 되겠습니까? 둑이 터져 농사가 되지 않습니다. 살다 보면 물꼬가 터지듯 많은 사람에게 기쁨을 선사하는 사람이 있는 반면 온 백성을 고통으로 몰아넣는 사람도 있습니다.

한 시대에, 한 가문에, 한 기업에, 한 일터에 어떤 사람이 존재하느냐는 매우 중요한 문제입니다. 약으로는 병을 고칠 수 없습니다. 좋은 의사가 환자를 고치는 법입니다. 좋은 감독 밑에 좋은 선수가 배출되듯 한 사람이 가진 영성은 가족과 그가 처한 환경에 영향을 미칠 수밖에 없습니다. 결국은 사람인 것입니다.

좋은 사람을 만나면 그 사람을 닮게 되어 있습니다. 기독교 교리는 가르치는 것이 아니라 바라보는 것입니다. 그러므로 사람을 잘 만나는 것이 축복입니다. 우리는 믿음이 좋은 사람을 롤 모델로 삼아 바라보아야 합니다. 그중 한 사람이 고넬료입니다. 그렇다면 믿음의 사람 고넬료는 과연 어떤 사람일까요?

사도행전 10장 1절은 "가이사랴에 고넬료라 하는 사람이 있으니 이달리야 부대라 하는 군대의 백부장이라"라고 말합니다. 하나님은 신토불이(身土不二)를 좋아하십니다. 즉 그 시대를 살아가는 그 지역의 사람을 들어 쓰신다는 것입니다. 그 시대, 그 장소에서 쓰임 받는 것이 중요합니다.

하나님은 막달라의 마리아라는 여인을 세우셨고, 디셉 사람 엘리야를 세우셔서 이스라엘의 마병이 되게 하셨습니다. 국보급인 사람 엘리야 한 명이 있으니 전쟁이 일어나지 않았고, 전쟁이 나도 이겼습니다. 이것이 한 사람의 영향력인 것입니다. 난세에 영웅이 만들어진다는 말도 있지 않습니까? 집안이 어려우면 어려울수록, 상황이나 조건이 좋지 않을수록 더 치열하게 살아남은 맞춤형 인물이 만들어지는 법입니다. 젊어 고생은 사서도 한다는 것이 바로 그 뜻입니다.

우리는 또한 이 말씀에서 고넬료가 당한 세 가지 어려움을 보게 됩니다. 첫째, 고넬료는 정통 유대인이 아닌 이방인이었습니다. 둘째, 그는 군대라는 특수 조직에 몸담고 있는 사람이었습니다. 셋째, 그는 100명의 부하가 있는 지도자였습니다.

이방인이요 군인이요 지도자라는 특징은 고넬료의 영혼을 얽어매는 장애물이었습니다. 생각해 보면, 그는 지도자라는 매우 부담스런 위치에 있어 제멋대로 살아갈 수 없었고 유명세를 치러야 했습니다. 또한 군대에 매여 자유가 없는 몸이었습니다. 그뿐입니까? 하나님을 알 수도 없는 이방인이었습니다. 하나님은 인생의 삼중고를 안고 있는 고넬료를 부르셨습니다. 이러한 고넬료의 상황을 볼 때 우리가 처한 환경을 탓할 필요가 없음을 깨닫게 됩니다.

2절은 "그가 경건하여"라고 말합니다. 여기서 고넬료에게서 볼 수 있는 아름다움은 경건미입니다. 베드로후서 1장 4-6절은 "신성한 성품에 참여하는 자가 되게 하려 하셨느니라 그러므로 너희가 더욱 힘써 너희 믿음에 덕을, 덕에 지식을, 지식에 절제를, 절제에 인내를, 인내에 경건을"이라고 말합니다. 믿음이 좋은 것은 기본에 불과합니다. 중요한 것은 경건미입니다. 경건미란 뭘까요? 한마디로 하나님을 닮은 모습을 뜻합니다. 하나님의 모습을 보여 주는 것, 예수님의 마음이 느껴지게 하는 것입니다.

우리는 단지 고넬료라는 개인을 추앙하는 것이 아닙니다. 세상 사람들은 또 하나의 인간을 만나기를 원하지 않습니다. 고넬료의 매력은 그가 자신의 인격을 통해 하나님의 마음을 보여 주었다는 점입니다. 하나님의 솜씨를 나타내 보였다는 점입니다. 우리 역시 하나님의 통로가 되어 거침없이 하나님을 보여 줄 수 있어야 합니다.

2절 하반 절은 "온 집안과 더불어 하나님을 경외하며"라고 말합니다. 가정에서 인정받기란 결코 쉬운 일이 아닙니다. 사람들은 서로 간에 욕심이 차이 나고 속도가 다를 때 어려움을 겪곤 합니다. 부모가 요구하는 것과 자녀가 수용하는 정도가 크게 다를 때 보조를 맞추어 괴리감의 폭을 줄이기란 참 쉽지 않습니다. 부부 지간에 사랑하고 존경하는 일도 마찬가지죠. 그러나 고넬료는 수도사처럼 나 홀로 경건하지 않고 온 집안이 같은 마음으로 하나님을 경외했습니다. 가화만사성(家和萬事成)을 이루었던 것입니다.

이어지는 2절 말씀은 "백성을 많이 구제하고 하나님께 항상 기도하더니"입니다. 이는 고넬료의 마음 자세를 보여 줍니다. 그가 단순히 부자였고 시간이 많았기 때문에 백성을 구제하고 기도했던 것이 아닙니다. 왜냐하면 고넬료는 공직자였기 때문입니다. 그에게는 주는 자가 복이 있고 섬기는 자가 부자라는 의식이 있었던 것입니다. 한마디로 고넬료는 복을 흘려보내는 샘물과 같은 사람이었습니다. 고넬료로 하여금 구제하고 기도하게 한 동기는 무엇이었습니까? 그의 마음이었습니다. 4절은 "주여 무슨 일이니이까 천사가 이르되 네 기도와 구제가 하나님 앞에 상달되어 기억하신 바가 되었으니"라고 말합니다. 성경을 보면 마지막 순간에 하나님이 우리를 기억하신다는 말씀이 나옵니다. 하나님이 우리를 알아주시면 되는 것입니다.

성경에는 고넬료처럼 물꼬를 틔우는 사람, 다른 사람을 잘되게 하는 사람이 나옵니다. 갈렙과 여호수아를 보십시오. 모두가 불가능하다고 할 때 가능하다고 말한 두 사람만이 젖과 꿀이 흐르는 가나안 땅에 들어갔습니다. 그중에서도 갈렙은 여호수아를 도운 뒤 역사의 뒤안길로 총총히 사라졌습니다. 그는 그저 물꼬 역할만 했을 뿐입니다.

사도행전 10장에는 시간에 관한 표현이 많이 나옵니다. 3절에 '하루는', '제 구 시', 5절에 '지금', 9절에 '이튿날', '그때에' 등이 눈에 띕니다. 이것이 무슨 뜻일까요? 하나님은 일마다 때마다 역사하십니다. 그런데 그때 그 시간에 각각의 장소에서 기도하는 베드로와 고넬료를 성령께서 서로 만나게 하신 것입니다. 사랑하는 자를 통해 합력해서 선을 이루어 가시는 하나님의 역사가 시간 차로 나열되어 있는 것입니다. 하나님이 중매를 하신 것입니다.

베드로가 고넬료 집안에 가서 말씀을 전하자 이방인들에게도 성령께서 임하셨고, 가족이 다 세례를 받았으며, 유대인들에게만 갇혀 있던 복음이 봇물이 터지고 물꼬가 트이듯이 온 세계로 흘러갔습니다. 고넬료 한 사람의 영향력입니다. 그렇게 그는 역사적으로 쓰임 받은 인물이 되었습니다.

우리는 어디를 가든 디딤돌이 되고 물꼬를 틔우는 사람이 되어야 합니다. 잘하지는 못할지라도 남의 앞길을 가로막는 사람이 되지 말고, 남의 눈에 피눈물 흘리지 말고, 적어도 물꼬 역할을 해야 합니다. 물꼬를 조근조근 밟으면 물이 흘러 농사가 잘

됩니다. 물꼬를 틔워 놓으면 물이 흘러 산천초목을 푸르게 합니다. 물꼬를 틔워 놓아야 샘도 살아납니다. 욕심을 부려 물을 막아 놓으면 저수지가 되어 썩어 버립니다.

고넬료는 상당히 제한적인 조건을 가지고 있었음에도 불구하고 축복의 통로가 되었습니다. 자기를 자랑하지 않고 경건미를 나타냄으로 축복의 통로가 되어 하나님의 마음을 그대로 드러냈습니다. 말뿐인 신앙인이 아니라 온 집안 식구들과 화목하고, 많은 사람들에게 존경받는 사람이었습니다. 주는 자로, 섬기는 자로 살았던 것입니다. 그렇기에 기독교 역사의 획을 긋는 역사적 인물이 될 수 있었습니다.

우리도 우리의 가정과 일터에서 존재감을 발휘하고, 축복의 통로가 되며, 주만 바라볼 수 있기를 바랍니다. 한계를 뛰어넘고, 내 혈기와 내 자랑이 아니라 예수 향기를 흩날리면서 주님의 사랑을 받으며 사람들에게 존경받을 수 있기를 바랍니다.

김문훈 목사님의 해당 설교 영상을 볼 수 있습니다.

우리는 어디를 가든 디딤돌이 되고
물꼬를 틔우는 사람이 되어야 합니다.

피곤한 자에게 능력을

하나님은 천지를 만드시고도 전혀 피곤해하
지 않는 분이십니다. 소년이라도 피곤하고
장정이라도 쓰러지는 것이 우리의 현실입
니다. 우리가 부담을 느낄 때, 극도의 긴장
감을 느끼고 스트레스를 받을 때, 그 순간이
하나님이 우리 인생을 만들어 가시는 때입
니다. 그러나 피곤한 자에게 능력을 주시는
하나님께 능력을 얻으려면 피곤해야 합니다.
피곤에 지쳐 죽을 것만 같은 상황에서도 하
나님은 힘을 주십니다. 오히려 그때 하나님
이 역사하셔서 불신의 마음을 깨뜨리십니
다. 하나님은 우리를 병아리 키우듯 키우지
않으십니다. 독수리는 천 길 낭떠러지에 둥
지를 틀고 때가 되면 새끼를 아래로 떨어뜨

립니다. 떨어지는 순간, 새끼 독수리는 날개를 펴서 바람을 타고 날기 시작합니다. 하나님의 자녀인 우리는 아무 데서나 위로받으려고 해서는 안 됩니다. 하나님은 감당하지 못할 시험은 주시지 않습니다. 꽃은 흔들리면서 피는 것입니다. 어렵고 피곤에 찌든 순간에 하나님은 내 마음을 고치고, 내 인생관을 고쳐 주시고, 하나님의 살아 계심을 알게 하십니다. 벼랑 끝에서 하나님의 살아 계심을 알게 하십니다. 피곤하고 아프고 힘들 때가 하나님을 만나는 기회입니다.

지쳐서 힘들 때 하나님의 손을 또 붙잡으시기 바랍니다. 하나님의 품을 파고들어 하나님께 위로받아야 합니다.

매와 채찍

"네 수한이 차서 네 조상들과 함께 누울 때에 내가 네 몸에서 날 네 씨를 네 뒤에 세워 그의 나라를 견고하게 하리라 그는 내 이름을 위하여 집을 건축할 것이요 나는 그의 나라 왕위를 영원히 견고하게 하리라 나는 그에게 아버지가 되고 그는 내게 아들이 되리니 그가 만일 죄를 범하면 내가 사람의 매와 인생의 채찍으로 징계하려니와 내가 네 앞에서 물러나게 한 사울에게서 내 은총을 빼앗은 것처럼 그에게서 빼앗지는 아니하리라 네 집과 네 나라가 내 앞에서 영원히 보전되고 네 왕위가 영원히 견고하리라"(삼하 7:12-16).

사무엘하 7장은 다윗 왕, 사울 왕, 솔로몬 왕, 세 왕에 대한 이야기입니다. 하나님이 나단 선지자를 통해 다윗에게 그가 어떻게 죽을 것이며, 죽고 난 후 아들 솔로몬이 어떻게 될지, 그리고 이스라엘의 첫 왕 사울이 왜 망했는지를 압축적으로 이야기하고 계십니다.

첫째, 시간에 대한 이야기입니다. 12절을 보면 "네 수한이 차서 네 조상들과 함께 누울 때에"라고 말합니다. 하나님은 나단 선지자를 통해 다윗에게 축복을 주실 때 다윗의 유통기한, 즉 수명을 다 채워 오래오래 복을 주겠다고 하셨습니다.

사람은 누구나 자기만의 유통기한이 있습니다. 하나님이 설정해 놓으신 때입니다. 짧은 생애를 살아가는데 어떤 사람은 풍성한 세월을 살아가고, 어떤 사람은 빈한한 세월을 살아갑니다. 그 이유가 뭘까요? 시간을 어떻게 엮어 가는가가 한 사람의 행복을 결정하는 것입니다. 세월을 아끼는 것이 지혜입니다. 인생의 목적은 비우는 것이 아니라 채우는 것입니다. 오직 성령의 충만을 받아 인생을 채워야 합니다. 하나님이 주신 시간을 아름답게 채워야 합니다.

세 명의 왕들은 이스라엘을 각각 40년간 통치했습니다. 사울 왕은 다윗을 죽이려는 생각에 사로잡혀 시간을 보낸 실패한 임금이고, 다윗 왕은 성경 역사상 가장 영향력 있는 성군으로 살았으며, 솔로몬 왕은 엄청난 상속을 받았지만 후반전에 아쉬움을 남긴 삶을 살았습니다.

한 번뿐인 인생을 어떻게 감격적으로 살아가느냐, 이것은 매우 중요한 문제입니다. 이는 삶을 얼마나 질적으로 살아야 하는지를 보여 줍니다. 때를 분별하고, 때를 열어 가고, 때를 채워 가는 것이 중요합니다. 가장 현실적인 사람은 오늘, 지금 은혜 받고 현실을 충실하고 알차게 살아가는 사람입니다. 그러니 내일 일은 걱정할 것이 없고, 과거의 실수는 곱씹을 필요가 없습니다.

둘째, 연결에 대한 이야기입니다. 12절 하반 절은 "내가 네 몸에서 날 네 씨를 네 뒤에 세워 그의 나라를 견고하게 하리라"라고 말합니다. 하나님은 다윗에게 지혜의 왕 솔로몬을 주겠다고 말씀하셨습니다. 모든 것은 연결이 중요합니다. 아브라함은 100세에 낳은 아들 이삭과 며느리 리브가를 통해 복을 받았고, 사도 바울은 믿음의 아들 디모데와 실라 등으로 인해 축복을 받았으며, 모세는 후계자 여호수아로 인해 복을 받았습니다.

오늘 이 시대는 연결되지 못하는 것이 큰 문제입니다. 말씀을 들어도 생활에 적용이 안 되고, 순종과 실천으로 연결되지 않는 것이 비극입니다. 가정에서도 할아버지의 믿음이 아버지의 믿음이 되고, 아들의 믿음으로 내려가야 합니다. 흐름이 끊어져서는 안 됩니다. 당대에만 복을 받고 끊어지는 것이 저주 아니겠습니까.

출애굽기 20장 6절은 "나를 사랑하고 내 계명을 지키는 자에게는 천 대까지 은혜를 베푸느니라"라고 말합니다. 반대로 5절은 "나를 미워하는 자의 죄를 갚되 아버지로부터 아들에게로 삼사 대까지 이르게 하거니와"라고 말합니다. 다윗은 허물이 많았음에도 불구하고 하나님이 그의 아들 솔로몬의 왕권을 붙드셔서 예수 그리스도의 세계까지 이어 주셨습니다. 그러나 이스라엘의 초대 왕 사울은 축복권을 가졌음에도 불구하고 패가망신하고 왕권이 끊어지고 말았습니다. 흐름이 막히거나 끊어지면 문제가 됩니다. 무엇보다 다음 세대로의 연결이 중요합니다.

셋째, 성전 건축에 대한 이야기입니다. 13절 상반 절은 "그는 내 이름을 위하여 집을 건축할 것이요"라고 말합니다. 다윗 집안은 아버지의 집에 대한 관심이 남달랐습니다. 다윗은 "나는 백향목 궁에 살거늘 하나님의 궤는 휘장 가운데에 있도다"(삼하 7:2)라고 하며 아버지의 집을 짓고 싶어 했습니다.

하지만 하나님이 다윗에게 허락하셨던가요? 아닙니다. 하나님은 그의 아들 솔로몬에게 성전 건축을 허락하셨습니다. 성경을 보면 하나님은 이스라엘이 회복되었을 때만 성전을 재건하게 하셨습니다. 성전 건축도 이스라엘 역사상 가장 부귀할 때 부탁하신 것입니다. 기억하십시오. 하나님은 잘될 때 부탁하십니다. 하나님이 우리에게 부탁하실 때 순종하는 것이 축복입니다. 그러면 하나님이 감당할 수 있는 물질과 힘도 허락해 주십니다. 순종이 축복입니다.

넷째, 징계에 관한 이야기입니다. 14절은 "나는 그에게 아버지가 되고 그는 내게 아들이 되리니 그가 만일 죄를 범하면 내가 사람의 매와 인생의 채찍으로 징계하려니와"라고 말합니다. 가정에서 아버지의 역할은 지대합니다. 구약시대에는 아버지가 가정의 제사장으로서 축복권을 소유하고 있었습니다. 그런데 하나님이 친히 솔로몬의 아버지가 되어 주겠다고 하신 것입니다. 매우 영광스러운 약속입니다.

아울러 만약 아이가 죄를 범하면 인생 채찍과 사람 막대기로 징계하겠다고 하셨습니다. 만남의 축복이 있고 만남의 저주가 있습니다. 하나님은 우리가 죄를 범하면 벼락을 치고 천벌을 주시는 것이 아니라 이상한 사람을 만나게 하십니다. 마태복음 9장 37-38절은 "추수할 것은 많되 일꾼이 적으니 그러므로 추수하는 주인에게 청하여 추수할 일꾼들을 보내 주소서 하라"라고 말합니다. 우리가 사람을 찾는 것이 아닙니다. 하나님께 좋은 사람을 붙여 달라고 기도해야 하는 것입니다. 그러니 우리는 하나님이 좋은 사람을 보내신 것인지, 나를 징계하시려고 인생 채찍과 사람 매로 보내신 것인지 분별해야 합니다. 사람 농사가 중요한 것입니다.

15절은 "내가 네 앞에서 물러나게 한 사울에게서 내 은총을 빼앗은 것처럼 그에게서 빼앗지는 아니하리라"라고 말합니다. 다윗은 축복권을 이어 갔지만 사울은 빼앗겼습니다. 사울은 질투하다가 패가망신했지만 다윗은 오매불망 하나님이 자신을 지켜 주시면 된다고 생각했습니다. 사람을 의지하고 사랑할수록 낭패를 당하는 것이 인생입니다. 다윗은 그럴 때일수록 하나님 품을 파고들었습니다.

사울은 모든 문제를 자기 선에서 해결하려고 했습니다. 역대상 10장 14절에는 "여호와께 묻지 아니하였으므로 여호와께서 그를 죽이시고 그 나라를 이새의 아들 다윗에게 넘겨주셨더라"라고 기록되어 있습니다. 하나님께 묻지도 찾지도 않으므로 하나님이 사울을 죽이신 것입니다. 하지만 다윗은 어떠했습니까? 하나님을 찬송하고, 시를 짓고, 하나님 앞에서 춤을 추었습니다. 그러한 다윗의 모습을 하나님이 기뻐하셔서 은총을 베푸신 것이고, 사울 왕의 경우에는 은총을 거두어 가신 것입니다. 우리는 이 미묘한 차이를 이해해야 합니다.

살다가 인생 채찍과 사람 매를 만나면 그가 하나님이 파송하신 인생의 스승이라 생각하고 회개해야 합니다. 그를 통해 인생을 돌이켜 보아야 합니다. 다윗의 신앙 인격이 가장 도드라진 때는 사울을 죽일 수 있는 절호의 기회가 왔을 때 그에게 전혀 손도 대지 않은 순간입니다. 우리는 다윗처럼 매사에 경쟁심을 가지고 바라보지 말고 주님 오시는 그날까지 내게 주어진 촛대와 축복권을 잘 지켜 나가야 합니다.

똑같이 한 번뿐인 인생인데 세 왕들은 너무나 다른 삶을 살았습니다. 우리 인생은 한 번뿐입니다. 그 짧은 시간, 주님과 소통해 시간을 아끼며 주님의 마음을 감동시키는 세월을 사십시오. 그래서 나 자신이 복 받는 데 연연하지 말고 다음 세대인 자녀들에게 믿음을 이어 주는 연결 고리가 되어 주십시오. 사울 집안과 같이 모든 것이 준수해도 하나님이 빼앗아 가시는 가정이 되어서는 안 되지 않겠습니까? 오직 다윗 집안과 같이 허물이 많아도 하나님이 붙드시는 가정이 되기를 간절히 바랍니다.

김문훈 목사님의 해당 설교 영상을 볼 수 있습니다.

건강 신앙

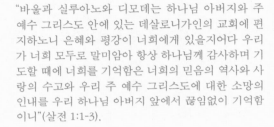

"바울과 실루아노와 디모데는 하나님 아버지와 주 예수 그리스도 안에 있는 데살로니가인의 교회에 편지하노니 은혜와 평강이 너희에게 있을지어다 우리가 너희 모두로 말미암아 항상 하나님께 감사하며 기도할 때에 너희를 기억함은 너희의 믿음의 역사와 사랑의 수고와 우리 주 예수 그리스도에 대한 소망의 인내를 우리 하나님 아버지 앞에서 끊임없이 기억함이니"(살전 1:1-3).

사도 바울은 데살로니가교회를 칭찬하는 말로 데살로니가교회에 보내는 편지의 서문을 열었습니다. 데살로니가교회에는 몇 가지 특징이 있었습니다. 남을 위해 기도하고, 항상 감사가 넘치고, 믿음의 역사와 소망의 인내와 사랑의 수고가 조화롭게 나타났다는 것입니다.

우리는 건강한 사람, 행복한 사람이 되려고 애를 씁니다. 그러나 건강은 우리 인생의 목적이 아닙니다. 건강하게 살아서 죄를 지어 봐야 무슨 소용이 있습니까? 우리에게는 누구나 하나님이 주신 사명이 있습니다. 건강해서 사명을 감당하는 것이 인생의 목적이 되어야 합니다. 데살로니가교회를 통해 하나님의 본심을 늘 기억하고, 하나님의 형상과 첫사랑을 회복하고, 기본으로 돌아가자는 생각을 하게 됩니다. 하나님이 데살로니가교회를 보시며 이 땅을 살아가는 성도들에게 요구하시는 것은 무엇일까요?

첫째, 동역입니다. 1절에서 바울은 "바울과 실루아노와 디모데는"이라고 기록했습니다. 데살로니가교회는 동역의 기쁨과 만남의 축복이 있고 사람 농사가 잘되는 곳이었습니다. 파트너십을 잘 유지했으며 믿음의 동역자들이 많았습니다. 리더십보다 중요한 것이 파트너십이고 멤버십입니다. 오늘날은 SNS가 발달되다 보니 사람이 싫어지고, 세상이 무서워지고, 인간관계가 어려운 시대가 되었습니다. 그러나 그리스도인은 어디서나 말이 통하는 사람, 친화력 있는 사람이 되어야 합니다. 고린도전서 1장 10절은 "같은 마음과 같은 뜻으로 온전히 합하라"라고 말합니다. 같이 살아갈 때 가치가 있는 것입니다.

바울은 평생 독신으로 살았습니다. 그런데도 가는 곳마다 동역자들이 생겨났습니다. 영적인 아들 디모데를 낳았고, 감옥에서는 오네시모를 낳았습니다. 바나바와 관계가 깨졌을 때는 실라와 함께 선교 여행을 떠나기도 했습니다. 그리고 그를 위해 목숨을 내놓을 수 있는 브리스가와 아굴라도 있었습니다. 바울은 믿음의 동역자가 있었기에 사역하는 내내 외롭지 않았습니다. 하나님은 주의 일을 할 때 동역하는 것을 기뻐하십니다.

둘째, 편지입니다. 소통의 즐거움을 말합니다. 살다 보면 세상에 어려운 것이 말이고, 세상에 안 통하는 것이 말이고, 세상에 어려운 사람이 말이 안 통하는 사람임을 깨닫게 됩니다. 바울은 안질이 있어 잘 보이지 않음에도 불구하고 여기저기 흩어져 있는 성도들에게 편지를 보내 소통을 했습니다. 소통이 안되면 고통이 옵니다. 사역의 절반은 소통이라 해도 과언이 아닙니다. 말이 통해야 행복하고 피가 통해야 건강한 것입니다.

건강한 교회에는 네 가지 요소가 있습니다. 말씀, 기도, 전도, 교제입니다. 오늘날 교회의 가장 어려운 점은 교제, 즉 소통과 나눔이 안 된다는 것입니다. 군중 속의 고독입니다. 사람은 많은데 자기 사람이 없고 마음 편한 사람이 없는 것입니다. 바울은 소통 능력, 대화의 기술이 훌륭했습니다. 의사소통에도 기술이 있습니다. 부부지간, 부모지간, 또는 성도들끼리 친밀한 소통을 하고 있습니까? 우리는 대화의 기술을 연습해야 됩니다. 처음에는 오해받고 어려움을 느낄 수 있지만 계속 대화를 나누다 보면 진심을 알게 되고, 그 가운데 하나 되고, 마음이 통하게 될 것입니다.

셋째, 은혜와 평강입니다. 은혜 입은 사람이 최고입니다. 우리는 하나님이 주신 은총을 덧입는 사람이 되어야 합니다. 은혜를 헛되이 받는 것만큼 어리석은 일이 없습니다. 하나님이 건강과 시간을 주실 때 잘 사용해야 합니다. 우리의 목적은 하나님 나라를 위해 쓰임 받는 것입니다.

평강이 무엇이라고 생각하십니까? 평강이란 고요하고 차분한 것입니다. 친구 따라 강남 가듯 유혹에 잘 빠지는 사람은 마음이 굶주리고 방황하기 쉽습니다. 쉽게 낚이고 엮여 결국 망하게 됩니다. 그래서 내면의 축복이 평강이요 외면의 축복이 은혜인 것입니다. 바울은 편지를 쓸 때마다 "은혜와 평강이 너희에게 있을지어다"라고 기록했습니다.

넷째, 기도입니다. 바울은 2절에서 "우리가 너희 모두로 말미암아 항상 하나님께 감사하며 기도할 때에 너희를 기억함은"이라고 적었습니다. 자신을 위해 기도하기는 쉽지만 다른 사람을 위해 기도하기란 어렵습니다. 중보 기도 하기로 선택하고 훈련해야 합니다. 중보 기도 할 때 하나님이 특별히 기뻐하십니다. 앞서도 설명했듯이 기도의 '3확', 즉 기도의 대상을 '확대'하고, 기도의 응답을 '확신'하고, 기도의 시간을 '확보'하십시오.

다섯째, 믿음과 소망과 사랑입니다. 3절은 "너희의 믿음의 역사와 사랑의 수고와 우리 주 예수 그리스도에 대한 소망의 인내를 우리 하나님 아버지 앞에서 끊임없이 기억함이니"라고 말합니다. 그렇습니다. 무엇보다 믿음이 중요합니다. 믿음이 차면 두려움이 사라집니다. 반면에 믿음이 약해지면 두려움과 근심이 우리 마음을 사로잡고, 병이 우리를 사로잡습니다. 사람보다 강한 존재가 있습니다. 저는 그 존재를 '사마귀'라고 부릅니다. 사탄, 마귀, 귀신입니다. 믿음이 약해지면 사마귀를 이기지 못합니다. 그러므로 우리는 믿음이 약해지지 않도록 기도해야 합니다. 믿음 있는 사람은 병을 이기고 온갖 악조건을 초월합니다. 믿음은 일을 저지르고, 일을 창출하고, 행함으로 이어지기 때문에 끝까지 믿음으로 밀고 나가야 합니다. 믿음으로 시작한 일을 육체로 마치지 말고, 성령으로 시작한 일을 육체로 마쳐서는 안 됩니다. 믿음은 바라는 것들의 실상입니다.

소망이 있는 사람은 어려워도 참습니다. 아브라함을 보십시오. 인내하지 못하고 이스마엘을 낳아서 지금껏 중동 전쟁의 화근을 남기지 않았습니까? 끝까지 견디는 자가 구원을 얻습니다. 오늘날 현대인들의 약점은 버티지 못한다는 것입니다. 소망이 있는 사람은 하나님이 합력해서 선을 이루실 것이고, 약점을 강점으로 바꾸어 쓰시리라 믿으며 참고 버팁니다. 응답하실 때까지 끝까지 견디십시오. 소망이 있는 사람은 인내합니다.

사랑은 쉬운 것이 아닙니다. 어머니가 좋은 이유는 자녀를 위해 희생할 각오가 되어 있기 때문입니다. 사랑은 수고를 마다하지 않습니다. 사람이 살면서 흘려야 할 것이 세 가지 있습니다. 땀 흘림이 없이는 성공이 없고, 눈물을 흘리지 않고는 사랑이 안 되며, 피 흘림이 없으면 사하심이 없습니다. 그리스도인을 상징하는 것들 중에 빛, 소금, 한 알의 밀알이 있습니다. 세 가지의 공통점은 자기희생입니다. 사랑하는 사람을 위한 수고는 부끄러운 것이 아닙니다. 쓰임 받는 것이 복인 줄 알아야 합니다.

오늘 이 시대는 자기에게 득이 되고 쉬운 것만 바랍니다. 믿음이 부도가 나고, 소망이 끊어지고, 사랑의 수고를 하지 않고, 편리주의로 살아가려고 하니까 문제가 생기는 것입니다. 사랑하는 사람은 수고를 아끼지 않습니다. 자기희생을 통해 공동체의 안녕을 유지합니다. 믿음, 소망, 사랑이 만날 때 아름다운 카리스마를 형성합니다. 그런 사람은 가난한 듯한데 부요하고, 유약한 것 같은데 강건합니다. 바로 이것이 성도의 매력입니다. 데살로니가 교인들은 그런 매력과 건강성과 행복감을 소유하고 있었습니다.

바른 신학, 반듯하고 확고한 믿음을 가지고 믿음과 소망과 사랑을 만나면 어디를 가도 편안하고 따뜻하고 쓰임 받는 사람이 됩니다. 말씀이 인격이 되고, 말씀이 육신이 되고, 믿음이 생활이 되고, 사랑을 실천하면 세월이 지나 믿음과 소망, 사랑이 마음을 독특하게 성형해 편안하고 훈훈한 사람으로 만들어 줍니다. 데살로니가 교인들이 칭찬받았듯이 하나님께 인정받고, 사람들에게 존경받고, 가족들에게 사랑받고, 스스로도 뿌듯한 우리 모두가 되기를 바랍니다.

추수와 일꾼

> "예수께서 모든 도시와 마을에 두루 다니사 그들의 회당에서 가르치시며 천국 복음을 전파하시며 모든 병과 모든 약한 것을 고치시니라 무리를 보시고 불쌍히 여기시니 이는 그들이 목자 없는 양과 같이 고생하며 기진함이라 이에 제자들에게 이르시되 추수할 것은 많되 일꾼이 적으니 그러므로 추수하는 주인에게 청하여 추수할 일꾼들을 보내 주소서 하라 하시니라"(마 9:35-38).

마태복음 9장 35절에서 우리는 예수님의 엄청난 스케줄과 사역의 양을 보게 됩니다. 예수님은 모든 도시와 마을에 두루 다니시며 그들의 회당에서 가르치시고, 천국 복음을 전파하시며, 모든 병과 모든 약한 것을 고치셨습니다. 3년이라는 짧은 기간에 온 인류를 구원해야 하는 하나님의 소명을 받아 거침없이 행하셨습니다. 우리가 경험해 봐서 알지만 장거리 여행을 하고 사람들을 만나면 피로감이 누적되 여독이 쌓이기 마련입니다. 그러나 예수님은 사역하시되 바빠하거나 피곤해하거나 사람들을 차별하거나 회피하거나 화를 내지 않으셨습니다. 사역의 균형과 조화를 완벽하게 이루신 예수님의 모습입니다.

오늘날 변화무쌍한 현실에 노출되어 있는 현대인의 삶은 피곤하고 바쁩니다. 그러나 아무리 바빠도 예수님보다 바쁜 사람은 없습니다. 사람이 공사다망할 때는 여유가 없어집니다. 그러나 예수님은 십자가를 앞두신 급박한 상황에서도 한 사람 한 사람을 긍휼히 여기시고 고치시고 만져 주셨습니다. 그런 예수님의 모습을 보면서 질문해 봅니다. '나는 믿음의 사람인가?', '나는 어떤 감각의 소유자인가?', '나는 주님을 따르는 제자인가?' 이 세 가지 질문은 궁극적으로 '나는 어떤 사람이 되어야하는가?'라는 질문으로 이어집니다.

먼저 생각해 볼 질문은 '나는 믿음의 사람인가?'입니다. 우리는 주님을 의지하고 주님의 손을 잡고 이 험한 세상을 함께 헤쳐 나가야 합니다. 그러기 위해서는 꼭 해야 할 일이 있지요. 주님과의 관계를 늘 점검하는 것입니다. 바쁘게만 살다 보면 마음의 여유가 없어집니다. 그때는 바쁜 이유를 생각해 보아야합니다. 자기 욕심, 자기 생각 때문에 시간에 쫓겨 살아가는 것입니다.

우리가 아무리 바빠도 예수님만큼 바쁘겠습니까? 예수님은 바쁘신 가운데서도 만나는 사람마다 고치시고 사랑하시고 섬겨 주셨습니다. 측은하고 안쓰러워 도와주셨습니다. 우리는 예수님을 닮아 가야 합니다. 바쁘게 살다가 바쁘게 죽으면 무슨 소용이 있겠습니까? 만약 바쁘다는 핑계로 예배도 못 드릴 정도라면 그것은 바쁜 것이 아니라 망하는 길입니다. 바쁘다고 앞만 보고 뛰어서는 안 됩니다. 바쁘다고만 하지 말고 주님과의 관계를 늘 생각하십시오. 주님을 믿는 믿음의 사람입니까, 아니면 세상의 사람입니까?

다음으로, 우리는 바쁜 중에도 감각이 살아 있는가를 생각해 보아야 합니다. '나는 어떤 감각의 소유자인가?'라는 질문입니다. 아직도 풋과일처럼 풋내가 나고 왜곡되고 어그러진 시선으로 사람들을 보고 있지는 않은지 점검해 보아야 합니다.

예수님은 바쁘게 사역을 하시면서도 "무리를 보시고 불쌍히 여기시니 이는 그들이 목자 없는 양과 같이 고생하며 기진함이라"(36절)라는 말씀처럼 사람들을 불쌍히 여기셨습니다. 한없이 부드럽게 만져 주시고 만나 주시고 고쳐 주셨습니다. 따뜻하게 바라보시는 시각, 손대는 곳마다 고치시고 회복시키시는 촉각, 가는 곳마다 복을 주시는 손길, 측은지심을 가지고 바라보시는 시각 등 우리는 예수님의 감각을 닮아 가야 합니다. 일을 하되 티내지 않고, 대화를 하되 화내지 않고, 불쌍한 사람을 도와주려고 작정을 해야 합니다. 하루를 살더라도 가슴 설레고 뜻깊고 귀하게 살아야 하지 않을까요? 주님께 영광 돌리는 삶을 살아야 합니다. 무엇인가 배울 것이 있고, 감칠맛이 있고, 존경스러운 맛이 있는 삶을 살아야 합니다. 예수님처럼 한없이 부드러운 눈매와 민망히 여기는 시선을 가지고 있습니까?

우리는 또한 '나는 주님을 따르는 제자인가?'에 대해 생각해 보아야 합니다. 37-38절은 "이에 제자들에게 이르시되 추수할 것은 많되 일꾼이 적으니 그러므로 추수하는 주인에게 청하여 추수할 제자들을 보내 주소서 하라"라고 말합니다. 이 말은 예수님이 제자들을 보시면서 "너희는 아직은 일꾼이 아니다"라고 말씀하신 것입니다. 아직은 쓸모 있는 사람, 겸비된 제자들이 아니라는 뜻입니다. 제자들은 아직 설익은 과일이었던 것입니다.

바쁘다는 핑계로 마음대로 살아가고, 바쁘다는 핑계로 주객이 전도되면 결국은 망하게 됩니다. 바쁠수록 기도해야 합니다. 추수할 것은 많은데 일꾼이 적으면 사람을 구하러 쫓아다니지 말고 사람을 보내 달라고 주님 앞에 엎드려야 합니다. 사람이 없으면 나를 훈련해 사용해 달라고 기도해야 합니다. 처음부터 잘한 사람은 없습니다. 예수님의 제자들을 보십시오. 그들은 예수님이 부활하신 후에야 철이 들어 갔습니다. 주님 앞에서 울고, 바쁠수록 기도하며, 주님만 의지하고, 주님만 따

우리가 아무리 바빠도 예수님만큼 바쁘겠습니까?
예수님은 바쁘신 가운데서도 만나는 사람마다 고치시고 사랑하시고
섬겨 주셨습니다. 측은하고 안쓰러워 도와주셨습니다.
우리는 예수님을 닮아 가야 합니다. 예수님은 바쁘게 사역을 하시면서도
한없이 부드럽게 만져 주시고 만나 주시고 고쳐 주셨습니다.
따뜻하게 바라보시는 시각, 손대는 곳마다 고치시고
회복시키시는 촉각, 가는 곳마다 복을 주시는 손길, 측은지심을 가지고
바라보시는 시각 등 우리는 예수님의 감각을 닮아 가야 합니다.

라가다 보면 복음의 주역이 되고 어두운 세상의 빛이 됩니다.

바쁜 추수철에 주인의 마음을 시원하게 하는 일꾼입니까, 아니면 구경꾼에 불과합니까? 바쁠수록 하나님께 기도하는 사람입니까? 생각해 보아야 합니다. 바쁘다고 변명하지 마십시오. 바쁘고 힘드니까 아프니까 기도해야 하는 것입니다. 급하다고 대충 살지 말고 기도하십시오. 기도가 사역이요 기도가 만사를 변화시킵니다. 믿음대로, 꿈꾼 대로 관심사가 달라져야 하고, 찾아가는 사람이 달라져야 하고, 바쁜 이유가 달라져야 합니다. 우리는 무엇 때문에 바쁩니까? 주님이 부탁하신 일을 하는 일꾼이 되어야 합니다. 바쁠 때 기도하는 사람이 되어야 합니다.

그렇다면 결론적으로 우리는 어떤 사람이 되어야 할까요? 믿음의 사람입니까, 그저 쫓아다니기만 하는 분주한 인간입니까? 감각이 살아 있는 인간입니까, 엉뚱한 인간입니까? 주님의 제자입니까, 돈을 따라가는 돈의 사람입니까? 주님이 부르실 때 꼭 필요한 사람입니까, 버림받은 사람입니까? 추수철에 주인의 마음을 시원하게 하는 일꾼입니까, 구경꾼입니까? 바쁠수록 하나님 앞에 엎드리는 사람입니까, 바쁘다고 사람을 찾아다니는 사람입니까?

우리는 있을수록 거추장스럽고, 열심히 할수록 애물단지가 되고, 일을 할수록 거친 돌이 되고, 간단한 것을 복잡하게 만들고, 조용한 것을 시끄럽게 만드는 사람이 되기가 쉽습니다. 종이 한 장 차이입니다.

성령의 감동을 받은 사람이 요셉이요 하나님의 거룩한 영이 있는 사람이 다니엘이며, 하나님의 영이 머물러 있는 사람이 여호수아입니다. 그렇다면 우리는 누구입니까? 혹시 성령님과 관계가 없고, 하나님과는 너무나 멀리 떨어져 있는 것은 아닙니까?

주님이 나를 보실 때, 또 다른 사람들이 나를 볼 때 '저 사람은 예수 믿는 사람'이라고 여길 수 있도록 감칠맛이 나야 합니다. 빠듯한 현실 가운데 분주하게 일주일을 살다가도 주의 날이 되면 온 마음을 다해 주님을 바라보는 예배자의 영광이 있어야 합니다. 하나님의 지혜를 구하고 좋은 사람, 기도하는 사람을 붙여 달라고 기도하십시오. 분별력과 통찰력을 가지고 나아갈 때 우리는 우리에게 맡겨진 일을 잘 감당하고 거침없이 나아갈 수 있습니다.

우리는 마태복음 9장 35-38절에서 주님의 균형, 주님의 평강, 주님의 감각을 보게 됩니다. 중심을 잡지 않고 하나님과 연결된 기도 끈을 놓으면 나는 없는 것입니다. 그러면 다른 사람에게 휩쓸려서 바람에 나는 겨와 같이 요동치고 사람의 말에 쉽게 상처 받게 됩니다. 우리는 정신을 차리고 주님과 밀착하여 기도하는 사람, 주님을 찾는 사람, 주님만 의지하는 사람이 되어야 합니다. 추수철의 일꾼이 되어 승리하는 우리 모두가 되기를 소망합니다.

하나님의 사람들

"내 아들아 그러므로 너는 그리스도 예수 안에 있는
은혜 가운데서 강하고 또 네가 많은 증인 앞에서 내
게 들은 바를 충성된 사람들에게 부탁하라 그들이 또
다른 사람들을 가르칠 수 있으리라"(딤후 2:1-2).

디모데후서 2장은 온통 사람들 이야기입니다. 한 사람 바울이
변화되어 믿음의 아들 디모데를 낳고, 디모데가 믿음의 동역자
들 가운데 충성된 사람들을 찾아서 그들에게 부탁하면, 그들이
또 다른 사람을 가르치게 된다는 내용입니다.

농사 중에는 사람 농사가 가장 중요합니다. 사람을 잘 만나
고, 사람이 좋고, 사람이 신비한 사람은 행복한 사람입니다. 대
인기피증이 있고 사람을 두려워하는 사람은 자신의 마음을 들
여다보아야 합니다. 세상을 살다 보면 만남의 축복도 있지만
만남의 악연도 있습니다. 결국 사람이 문제인 것입니다.

사실 인간관계가 원만하지 못한 대표적인 사람이 바울입니다. 훼방자요 핍박자요 교회를 해코지한 사람이었습니다. 그런 사도 바울이 다메섹 도상에서 예수님을 만난 후 변화되었습니다. 하지만 바울은 착한 선교사 바나바와 심히 싸우고 피차 갈라설 정도였습니다. 어디를 가든 원만하게 전도하지 못했고, 부딪치고 싸우고 감옥을 드나들었습니다. 까다로웠던 사울이 이방인의 사도 바울이 되어 평생을 독신으로 살아가면서 믿음의 아들을 낳은 것입니다.

디모데후서 2장은 "내 아들아"로 시작합니다. 결혼도 하지 않은 사람이 믿음으로 산통을 치르고 해산의 수고를 겪은 뒤 낳은 아들이 디모데입니다. 믿음의 아들 디모데에게 바울은 권면의 말을 들려줍니다.

1절에서 바울은 디모데에게 "그리스도 예수 안에 있는 은혜 가운데서 강하고"라고 말했습니다. 사람에게는 자가 발전 기능이 없습니다. 즉 자기 속에서 힘이 나오는 존재가 아니라는 뜻입니다. 오직 예수님의 은혜와 하나님의 손길 가운데서만 강한 사람이 될 수 있습니다.

특히 디모데는 비위가 약하고 자주 병에 걸려 걸어 다니는 종합병원이었습니다(딤전 5:23). 그리고 마음이 너무 허약해 늘 두려워하고 불안증이 있는 사람이었습니다(딤후 1:7). 그런 디모데에게 바울은 강해지기 위한 비결을 말해 줍니다. 힘은 네 자신이 아니라 하나님의 은혜 가운데 있다고 권면합니다. 또한 혼자 외롭게 신앙생활을 하는 것이 아니라 많은 증인이 있다고도 했습니다. 히브리서 12장 1절은 "우리에게 구름같이 둘러싼 허다한 증인들이 있으니"라고 말합니다. 세상에 하나님이 감추어 놓으신 하나님의 사람들, 영에 속한 사람들, 믿음 찬 사람들이 구름처럼 허다하게 있어 우리를 격려하고 있다는 말씀입니다.

바울은 그들 가운데서 "내게 들은 바를 충성된 사람들에게 부탁하라"라고 권합니다. 부탁하되 충성된 사람에게 부탁하라고 했습니다. 사람에게는 DNA가 있습니다. 부흥의 DNA, 성공의 DNA, 행복 DNA가 따로 있습니다. 그중에서도 충성의 DNA를 가진 사람을 만나야 합니다. 달란트 비유에는 '착충지부'라는 표현이 나옵니다. 사자성어가 아니라 착하고 충성되고 지혜롭고 부지런한 사람을 말합니다. 우리는 '악게미더', 즉 악하고 게으르고 미련하고 더디 믿는 사람이 되지 말고 '착충지부' 쪽으로 흘러가야 합니다. 하나님은 착한 사람을 쓰시고, 하나님의 사람들은 착한 사람들입니다.

3절에는 그리스도 예수의 좋은 병사가, 5절에는 경기하는 운동선수가, 6절에는 수고하는 농부가 나옵니다. 그들의 특징은 반복, 학습, 훈련하는 존재라는 점입니다. 훈련되지 않은 사람은 백해무익한 존재가 될 수밖에 없습니다. 따라서 우리는 끊임없이 자신을 쳐서 십자가에 복종시켜야 합니다. 고린도전서 4장 2절은 "맡은 자들에게 구할 것은 충성이니라"라고 말합니다.

충성된 사람을 찾고 그를 훈련시킨 후 부탁해야 합니다. 선택과 집중으로 한 우물을 판 사람을 찾아야 합니다. 곁불 쬐지 말고 실속을 차려 코람데오, 즉 하나님 앞에서 사는 사람을 만나야 합니다. 로마서 12장 2절은 "너희는 이 세대를 본받지 말고 오직 마음을 새롭게 함으로 변화를 받아 하나님의 선하시고 기뻐하시고 온전하신 뜻이 무엇인지 분별하도록 하라"라고 말합니다.

성경의 인물들을 볼 때마다 우리와 닮은꼴임을 발견하게 됩니다. 약한 자, 병든 자라는 공감대가 형성되면서 소망과 가망이 생겨납니다. 그때 그들 안에 감추어진 보석을 찾듯이 나 자신을 찾고, 잠자는 거인을 흔들어 깨우고, 주저하는 나를 일깨우게 됩니다. 이것이 신앙생활을 잘하는 비결입니다. 엘리야의 하나님이 나의 하나님이 되시고, 아브라함의 하나님, 이삭의 하나님, 야곱의 하나님이 나의 하나님이 되심을 고백하는 것입니다.

야고보서 5장 17절은 "엘리야는 우리와 성정이 같은 사람이로되"라고 말합니다. 엘리야는 심한 정신적 어려움에 처했던 사람인데 우리가 그와 비슷하다는 것입니다. 늘 슈퍼맨 같은 사람은 없습니다. 엘리야도 슈퍼맨은 아니잖아요. 엘리야는 이세벨의 말 한마디에 죽고 싶어 한 연약한 사람이었습니다. 그런 엘리야가 나중에 어떻게 되었습니까? 치유되어 다시 돌아와 하나님의 대표적인 선지자가 되었습니다. 우리는 성경에서 스승을 찾고, 친구를 찾고, 멘토를 찾아야 합니다. 나를 가장 많이 닮은 사람을 찾아 그의 삶에 절대 공감해야 합니다.

훼방자 사울은 예수님을 정면으로 만나면서 불같은 성질이 변화를 받아 이방의 사도요 세상이 감당할 수 없는 사람이 되었습니다. 독기가 변해 대단한 열정의 소유자가 된 것입니다. 그런 그가 믿음으로 낳은 아들 디모데가 허다한 증인들의 응원을 받아 충성된 사람들을 찾아서 부탁하고, 그들이 또 다른 사람들을 가르침으로 복음이 일파만파로 번져 기독교가 오늘날까지 흘러오게 된 것입니다. 영향력이 확산되고, 족보가 만들어지고, 제자들의 핵 번식이 일어난 것입니다. 한 사람 바울, 한 사람 디모데, 한 사람의 충성된 사람 등 계속해서 사람들로 이어지는 것이 기독교의 역사인 것입니다.

불과 130년 전, 예수 믿는 사람이 전혀 없던 시절에 언더우드 선교사가 이 땅에 들어와 복음을 전했습니다. 한국 기독교의 역사는 매우 짧지만 그에 비해 강렬했습니다. 생명이 있기 때문이었습니다. 맞습니다. 생명은 퍼져 가는 것입니다. 생명이 전달되면 변화가 일어납니다.

우리는 교회가 필요로 하는 사람, 하나님이 찾으시는 사람, 말씀이 인격이 된 사람이 되어야 합니다. 말씀 한 구절을 깨닫고, 믿고, 그대로 살아가는 것이 능력입니다. 사람이 바뀌는 것이 기적이고, 기적 중에 기적은 내가 변화되는 것입니다.

우리는 완벽주의에 빠져서는 안 됩니다. 성경의 인물들은 모두 약점이 많았습니다. 바다가 3%의 염분을 함유하고 있어서 변질되지 않듯이 그들 속에 3%의 소금기가 있기에 변질되지 않은 것입니다. 우리 속에 하나님을 닮은 것이 3%만 있으면 그것이 싹이 나고 자라 우리를 믿음의 사람, 성령 충만한 사람, 변화의 주역으로 이끌어 갈 것입니다. 복음이 누룩같이 퍼져 많은 또 다른 충성된 사람들에게 유통될 때 우리가 결정적으로 쓰임 받게 되는 것입니다.

세월이 지나 목록을 한번 적어 보십시오. 그들은 내가 전도한 사람, 나의 면류관이요 자랑이며, 내가 눈물로 키운 믿음의 자식들입니다. 아버지의 마음을 가지고 응원해 주고 기도해 주십시오. 우리는 어디를 가든지 돕는 자가 되고, 복의 근원이 되고, 물꼬를 틔우는 사람이 되어야 합니다. 어디서든 좋은 영향력을 미치고, 늘 자신을 쳐서 하나님께 복종시켜야 합니다.

자석이 쇠 덩어리를 불러들이듯이 은혜 가운데 강한 사람이 되고, 은혜 받고 변화된 사람이 되십시오. 그래서 그 은혜를 자녀에게로, 많은 사람에게로 퍼져 나가게 하십시오. 많은 증인들 앞에서 충성된 사람을 찾고, 그들에게 부탁하고, 또 다른 사람들에게 전하십시오. 믿음의 번식, 영적인 핵 번식을 통해 아름다운 향기를 발하는 하나님의 사람들이 되기를 간절히 바랍니다.

복의 근원

"여호와께서 아브람에게 이르시되 너는 너의 고향과
친척과 아버지의 집을 떠나 내가 네게 보여 줄 땅으
로 가라 내가 너로 큰 민족을 이루고 네게 복을 주어
네 이름을 창대하게 하리니 너는 복이 될지라 너를
축복하는 자에게는 내가 복을 내리고 너를 저주하는
자에게는 내가 저주하리니 땅의 모든 족속이 너로 말
미암아 복을 얻을 것이라 하신지라 이에 아브람이 여
호와의 말씀을 따라갔고 롯도 그와 함께 갔으며 아브
람이 하란을 떠날 때에 칠십오 세였더라"(창 12:1-4).

창세기 12장은 바벨탑 사건 이후 이 땅이 혼잡할 때 하나님이
아브라함이라는 한 사람을 불러 언약을 맺으시는 이야기입니
다. 아브라함의 떠남의 역사를 기록해 놓은 내용입니다.

하나님은 아브라함을 부르셔서 고향과 친척과 아버지의 집
을 떠나라고 하셨습니다. 그러면서 "너는 복이 될지라 너를 축
복하는 자에게는 내가 복을 내리고 너를 저주하는 자에게는 내
가 저주하리니 땅의 모든 족속이 너로 말미암아 복을 얻을 것이
라"(2절)라고 말씀하셨습니다. 무슨 뜻입니까? 한마디로 아브라
함을 매우 영향력 있는 사람으로 만들어 주겠다고 약속하신 것

입니다. 그 결과 75세의 할아버지였던 아브라함의 시작은 미약했으나 오늘날 그 자손이 세계에 73억이나 되는 창대한 결과를 얻었습니다. 정말 놀라운 일 아닙니까? 아브라함은 복의 근원이 되고 영적 축복의 중심이 되었습니다.

하나님은 '써니텐 하나님'이십니다. 흔들어서 복을 주시는 분입니다. 꽃은 흔들리면서 피고, 구르는 돌에는 이끼가 끼지 않는 법입니다. 하나님은 멀쩡하게 잘 살고 있는 75세의 아브라함을 흔들어 복을 주셨습니다. 귀를 열어 듣게 하시고, 눈을 열어 비전을 보게 하시고, 발걸음을 추슬러 익숙하고 편안한 곳을 떠나 전혀 미지의 세계로 떠나게 하셨습니다. 그렇습니다. 아브라함은 갈 바를 알지 못한 채 개척 정신을 가지고 나아갔고, 마침내 복의 근원이 되었습니다.

전혀 새로운 곳으로 떠나가는 과정을 통해 하나님은 우리의 지경을 넓혀 주십니다. 알다시피 인생은 떠남의 과정입니다. 떠날 때는 성숙하게 잘 떠나야 새로운 만남의 축복을 받을 수 있습니다. 잘못 떠나면 고착이 형성되어 정신 질환으로 발전될 수 있습니다. 그러니 떠날 때는 과감하게 미련 없이 떠나야 합니다. 아브라함은 갈 바를 알지 못했지만 여기까지 인도하신 에벤에셀의 하나님, 지금도 함께하시는 임마누엘의 하나님, 앞으로도 인도하실 여호와 이레의 하나님을 믿고 거침없이 떠났습니다.

변화 산에서 변형되신 예수님을 본 베드로는 "여기가 좋사오니" 하며 안주하고자 했습니다. 그러나 주님은 우리가 험한 세상으로 내려가기를 원하십니다. 예수님은 제자들을 부르실 때도 생계 수단인 배와 그물, 그리고 아비를 버려두고 떠나라고 하셨습니다. 기득권을 유지하고 무사안일에 빠지기 쉬운 약한 존재가 바로 우리인 것입니다.

사도행전 1장 8절에서 예수님은 "오직 성령이 너희에게 임하시면 너희가 권능을 받고 예루살렘과 온 유대와 사마리아와 땅끝까지 이르러 내 증인이 되리라"라고 지상명령을 주셨습니다. 그러나 초대 예루살렘교회는 '여기가 좋사오니' 하며 유대와 사마리아와 땅끝으로 떠나지를 않았습니다. 그러자 하나님이 어떻게 하셨는지 아시지요? 판을 둘러엎으셨습니다. 사도행전 1장 8절을 둘러엎으면 8장 1절이 됩니다. "그날에 예루살렘에 있는 교회에 큰 박해가 있어 사도 외에는 다 유대와 사마리아 모든 땅으로 흩어지니라"라고 기록되어 있습니다. 하나님이 예루살렘교회에 큰 환란과 핍박을 보내시자 그들은 할 수 없이 열방으로 흩어졌고, 그들을 통해 복음이 뻗어 나갔습니다. 하나님은 시대마다 지경을 뚫고 지역을 넘어간 사람에게 다음 세대의 지도자가 되는 복을 주셨습니다.

사람은 편안한 것, 보수적인 것, 안정적인 것을 원합니다. 하지만 하나님의 구원 역사는 잠자는 사람을 깨우고, 가만히 있는 사람을 흔듭니다. 하나님은 그렇게 해서 복을 주십니다. 신앙 생활에서 가장 나쁜 태도는 가만히 있는 것입니다. 주님은 머무르시는 분이 아니라 끊임없이 움직이시는 분입니다. 잠자는 영혼을 깨워 도전 정신과 개척 정신을 주셔서 복을 주신다는 것입니다. 기대하고 의지하던 것을 떨쳐 버리고 일어나 전혀 미지의 세계로 들어가는 것이 믿음의 시작입니다.

우리는 익숙한 곳에서 떠나려고 애를 써야 합니다. 익숙한 곳에 있으면 하나님을 의지하지 않게 됩니다. 익숙한 곳에서는 자기 생각과 관행대로 하기 때문에 믿음이 잘 자라지 않습니다. 그러므로 모든 것을 내려놓고 정든 곳을 떠나 미지의 세계로 가야 합니다.

사람은 환경의 지배를 받을 수밖에 없는 존재입니다. 그러나 함부로 삶에 적응해서는 안 됩니다. 속수무책으로 포기하지 말고 힘들고 어려워도 떨치고 나아가야 합니다. 하나님은 아브라함에게 자체 경쟁력을 길러 주셨습니다. 아브라함에게 굉장한 믿음의 힘을 주셔서 복음의 근원과 원판이 되게 하심으로 말미암아 일파만파 영향력이 뻗어 나가게 하셨습니다. 하나님은 아브라함 한 사람을 붙드신 것입니다.

하나님은 우리 인생을 저 높은 곳을 향해 계속 끌고 가십니다. 때로는 지치고 주저앉고 싶지만 하나님은 우리의 밑판을 흔들고 안정적인 보금자리를 흔들어 쓰십니다. 저수지처럼 욕심을 내고 가두어 두면 썩어 버립니다. 막아 두고 살아가는 인생이 아니라 내면의 세계에서부터 솟아나는 샘물과 같은 힘을 가진 삶을 살아야 합니다.

창세기 13-14장에는 아브라함의 별명이 나옵니다. '히브리 사람', 즉 강을 건넌 사람이라는 뜻입니다. 지경을 건너뛰고 한 세대를 뛰어넘는 도전 정신과 개척 정신이 있는 사람을 통해 하나님은 새 시대에 새 역사를 펼쳐 가십니다. 하나님이 어디까지 끌고 가실 것인가, 내게 자질이 있는가와 상관없이 하나님이 한 사람을 들어 쓰시기 시작하면 어떻게 될까요? 아브라함처럼 복의 근원이 되는 것입니다.

이제 스스로에게 물어봅시다. 우리의 삶은 어디쯤 가고 있습니까? 무사안일, 복지부동의 정신으로 우물 안의 개구리가 되어서는 안 됩니다. 변화가 없이는 미래가 없습니다. 하나님이 보여 주실 땅을 바라보십시오. 우리의 삶은 끊임없이 도전과 비전을 갖고 목표를 설정하고 나아가야 합니다. 사람은 능력만큼 일하는 것이 아니라 목표만큼 일합니다. 목표를 설정해 놓으면 가게 되어 있습니다. 꿈꾼 대로, 믿는 대로 이루어집니다.

하나님이 아브라함을 불러내셔서 익숙한 곳을 포기하게 만드시고, 미지의 세계에서 놀라운 역사를 이루어 가셨듯이 우리도 구원의 하나님을 바라보면서 우리의 한계를 초월해 존귀하게 쓰임 받을 수 있기를 기대합니다.

 김문훈 목사님의 해당 설교 영상을 볼 수 있습니다.

2부

본심 망각

상황 속에 가려진 것을 보십시오

염려와 만족

"그러므로 염려하여 이르기를 무엇을 먹을까 무엇을
마실까 무엇을 입을까 하지 말라 이는 다 이방인들이
구하는 것이라 너희 하늘 아버지께서 이 모든 것이
너희에게 있어야 할 줄을 아시느니라 그런즉 너희는
먼저 그의 나라와 그의 의를 구하라 그리하면 이 모
든 것을 너희에게 더하시리라 그러므로 내일 일을 위
하여 염려하지 말라 내일 일은 내일이 염려할 것이요
한 날의 괴로움은 그날로 족하니라"(마 6:31-34).

산상보훈으로 알려진 마태복음 6장에서 예수님은 우리의 마음에
대해 말씀하십니다. 우리가 무엇을 먹을까, 무엇을 마실까, 무엇
을 입을까 하는 고민에 빠지는 것을 정확히 알고 계십니다. 이 말
씀의 주제는 세 가지입니다. 쓸데없는 걱정과 고민을 하지 말
라, 먼저 그의 나라와 그의 의를 구하라, 그리하면 한 날의 괴로
움조차도 만족하게 된다는 것입니다.

　우리 주위를 보면 많은 사람들이 피로감에 찌들어 있고 왠지
다들 우울해하고 바쁜 것 같습니다. 왜 그럴까요? 왜 바쁘고,
왜 피곤해하고, 왜 우울해할까요?

쓸데없는 데 바쁘고, 소탐대실하고, 허접한 데 시간을 다 보내고 있기 때문입니다. 엉뚱한 데 고민하느라 내 마음의 에너지를 다 씁니다. 그러다 정작 본 게임에 들어갈 때 힘이 없습니다. 본업은 해 보지도 못하고 오픈 전에 괜스레 염려하다가 부질없고 헛된 데 에너지를 다 씁니다. 돌아보면 후회하게 될 일인데 지나치게 열심히 한다는 것이 문제입니다. 허무한 데 굴복하고 만다는 것입니다. 곁불 쬐다가 바짓가랑이 다 탑니다. 몇 푼 아끼려다가, 조금만 더 편하려고 하다가 초가삼간 다 태웁니다. 그런 일들이 많습니다.

염려하다가 소탐대실하지 말고, 잡다한 데 신경 쓰다 길을 잃어버리지 마십시오. 쓸데없는 것을 따라가다가 결국은 후회할 행동을 하지 말아야 합니다. 곁불 쬐지 마십시오. 잡기에 주력하지 마십시오. 본질에 충실해야 됩니다.

예수님은 우리에게 바로 이 말씀을 하고 계십니다. 산상에서 보석과 같은 말씀을 하시는 중에, 예수님은 우리에게 무엇을 먹을까, 마실까, 입을까 염려하지 말라고 당부하십니다. 구질구질한 것, 쓸데없는 것, 하찮은 것, 소소한 것에 신경 쓰지 말라고 하십니다. 곁가지 때문에 고민하지 말라는 것입니다.

그럼 어떻게 해야 합니까? 어떻게 해야 본질에 충실할 수 있습니까? 예수님은 먼저 "이방 사람들은 몰라도 너희는 달라야 한다. 너희는 먼저 그의 나라와 그의 의를 구하라"라고 말씀하십니다. 너희는 달라야 한다고 하십니다. 그의 나라를 구하라는 것입니다. 그의 나라는 천국, 즉 하나님 나라입니다. 옛날 우리 선조들은 천국을 대망하면서 신앙생활을 했습니다. 가난한 자들은 복이 있다, 우는 자들은 복이 있다, 핍박을 당하는 자들은 복이 있다는 말씀을 믿었습니다. 천국이 저희 것이라고 하셨기 때문입니다. 하나님 나라를 구하며 감사함으로 살았습니다. 이 세상에서 아무리 명품을 걸치고 멋지게 살아도 그것은 유통기한이 짧습니다. 천국이 영원합니다.

아무런 의미도 없고, 불타 사라지거나 썩어질 것들, 이방인들이 구하는 것들 때문에 마음을 어지럽히지 말고 하나님 나라를 구하십시오. 하나님을 아는 사람은 구하는 것이 달라야 합니다. 영생에 거하게 하고, 영벌에 떨어지게 하실 하나님을 아는 것이 지식의 근본이라고 했습니다. 영생의 복을 주시고 인생의 주인 되시는 하나님을 경외하는 것이 지식의 근본이라고 성경은 분명히 말하고 있습니다.

믿음이 좋은 사람은 본질에 승부를 겁니다. 오직 예수, 절대기도, 다만 말씀에 집중합니다. 핵심 가치를 붙잡아야 합니다. 본질을 파악해야 합니다. 모든 신앙의 핵심은 너희가 먼저 구할 것을 구하라는 것임을 기억하십시오.

공부를 잘하는 사람, 몸이 건강한 사람, 믿음이 좋은 사람에게는 공통점이 있습니다. 바로, 기본이 강하다는 것입니다. 공부를 잘하는 사람은 국어, 영어, 수학 등 기본 과목에 집중해서 좋은 성적을 유지합니다. 몸이 건강한 사람은 타고난 기초 체력을 잘 유지합니다.

나라가 세워지는 데도 기본적으로 세 가지가 필요합니다. 주권, 영토, 국민입니다. 주권은 주 되심을 인정하는 것이지요. 영토는 이 땅과 나라를 위해서 반드시 기도해야 한다는 뜻입니다. 사람은 환경의 영향을 받을 수밖에 없는 존재이기에 그 지역과 나라를 위해 눈물을 흘려야 합니다. 주님도 장차 망할 예루살렘 성을 보고 우셨습니다.

국민에게는 메시지보다 메신저가 중요합니다. 누가 메시지를 전하느냐가 중요하다는 겁니다. 하나님도 메신저를 중요하게 여기셨습니다. 엘리야를 부르실 때도 그랬습니다. 모든 사람이 바알에게 무릎 꿇었을 때 하나님은 길르앗에 우거하는 디셉 사람 엘리야를 부르셔서 역사를 이루셨습니다. 이스라엘이 혼란에 빠졌을 때 이새의 아들 다윗을 부르셔서 천하를 만드시고 다윗의 자손 예수 그리스도의 세계를 펼치셨습니다.

하나님은 시대마다 사람을 세우십니다. 교회는 성도들이 와서 말씀을 배우고 섬기고 봉사하는 것도 중요하지만 죽어 가는 영혼들을 위해 이 시대 땅끝까지 복음을 전하는 통로로 본질적으로 쓰임 받아야 합니다. 그 일을 위해 하나님은 시대마다 사람을 세우셨고, 하나님 나라를 펼쳐 나가셨습니다.

자, 그렇다면 그의 의를 구하라는 것은 무슨 뜻일까요? 하나님과의 관계를 반듯하게 하고 관계 정산을 하라는 의미입니다. 하나님과의 사이가 원만하고 반듯하고 좋은 것을 의롭다고 할 수 있습니다. 하나님과의 사이가 빈틈없고 친밀하며, 느슨하지 않고 기분 좋은 긴장감이 있어야 합니다.

하나님과의 사이가 아주 예민하고 민첩하고, 하나님의 말씀에 재빨리 순종하고 "아멘" 할 때, 하나님과 가깝고 하나님과 통하며 하나님 마음에 쏙 들 때, 그때는 마귀가 우리 마음에 와서 쓴 뿌리를 심지 못합니다. 그때 우리의 삶이 편안해집니다. 염려, 걱정, 고민으로 인생을 소진하지 않고 인생이 감사 모드로 흐릅니다. 가난한 듯하나 부요하고, 약한 듯하나 강하고, 무식한 듯하나 지혜롭고, 가진 것이 적어도 행복하고, 눈물을 흘려도 감사한 것입니다. 천국이 자기 것이기 때문에 그러한 삶이 가능한 것이지요.

하나님과 친하게 지내십니까? 편하십니까? 성령의 음성에 민감하십니까? 마음을 하나님 앞에 드리십시오. 하나님의 사람,

영에 속한 사람이 되십시오.

요셉을 한번 살펴봅시다. 요셉은 왜 복을 받았을까요? 한마디로 요셉의 삶을 표현하자면 하나님 앞에 서 있는, 즉 신전인격, 코람데오 사상이라고 할 수 있습니다. 우리는 가끔 주위에서 하나님은 안중에도 없고 자기 방식과 생각대로, 또는 다른 사람 눈치를 보며 사는 사람을 보게 됩니다. 하나님이 보시기에 그들은 예쁠까요? 우리는 "예수님이라면 이 상황에서 어떻게 하실까?", "성령님이 나를 무시로 축복의 통로로 이용하실 수 있을까?" 하고 스스로에게 질문해야 합니다. 우리는 자신도 모르게 성령님을 제한하고, 하나님을 제한하고, 예수님의 마음을 아프게 하고, 마음이 변질되기 쉬울 때 성경 말씀을 통해서 마음을 재정비해야 합니다. 발상이 잘못되면 결국 말에서 표시가 나고, 행동이 되고, 습관이 되고, 생활이 됩니다.

우리는 다른 사람 눈치와 평판에 신경 쓸 때 기도 제목을 업그레이드해서 '하나님이 나를 보고 얼마나 기뻐하실까?', '성경에는 뭐라고 기록되어 있는가?'를 생각할 수 있어야 합니다. 성경적인 가치관으로 우리의 가치 체계가 거듭나야 합니다.

그러나 관심과 감각이 세상적으로 흘러갈 수밖에 없는 현대인들이 마음의 중심을 지키기란 쉽지 않습니다. 예수님이 산상보훈에서 마음에 대해 말씀하신 이유도 그 때문입니다. "쓸데없는 것으로 염려하지 말고 먼저 그의 나라와 그의 의를 구하라. 그리하면 모든 것을 더해 주겠다. 한 날의 괴로움은 그날로 족하다"고 하신 말씀을 기억해야 합니다.

염려와 걱정이 심해지면 근심거리가 되고 우울증이 되기 쉽습니다. 염려가 되고 걱정거리가 있을 때 하나님 앞에 나와서 기도로 부탁하고 이야기하다 보면 하나님과의 사이가 반듯해집니다. 저는 그것을 통(通), 친(親), 합(合), 락(樂)이라는 네 가지 개념으로 말씀드리고 싶습니다.

첫째로 통은 하나님과 통하는 신통한 사람이 되는 것입니다. 둘째로 친은 하나님과 친밀하고 가까운, 즉 말귀를 알아듣는 사람, 측근을 가리킵니다. 셋째로 합은 하나님의 마음과 코드가 딱 맞는 사람입니다. 마지막으로 락은 하나님과의 사이가 즐거운 사람입니다. 예배드리는 것이 재밌고 기도하는 것이 좋고, 교회에 와서 앉아 있는 시간이 제일 편안하고, 일주일 동안 예배를 위해 준비하고 고운 옷을 입고 와서 마음과 뜻을 다해 주를 바라볼 때 감격이 있고 황홀한 사람이 되는 것입니다.

하나님과 통하고, 친하고, 합하고, 즐거워하는 사람에게 무엇이 필요한지 아시는 아버지께서 '플러스알파' 해 주시고, 복에 복을 더하사 지경을 넓혀 주십니다. 이것이 하나님의 셈법입니다. 하나님의 셈법을 기억하시면 좋겠습니다. 복은 '더하셈', 돈은 '곱하셈', 웃음은 '나눗셈', 나이는 '뺄셈', 건강은 '지키셈'입니다. 하나님이 더해 주실 것을 기대하고 괴로움을 덜하는 것이 주의 복을 더하는 비결이라 믿길 바랍니다.

성경에 기록된 믿음의 사람들도 하나님의 셈법으로 살았습니다. 다윗은 사망의 음침한 골짜기를 통과할 때 "내 잔이 넘치나이다"라고 고백했습니다. 사도 바울은 아무리 기도해도 낫지 않는 육체의 가시를 안고 있을 때 하나님으로부터 "내 은혜가 네게 족하다"는 말씀을 들었습니다. 다니엘은 기도가 끝나면 체포되어 사자 굴에 던져질 줄 알고도 하나님께 감사했습니다. 하박국은 "그리 아니하실지라도 감사합니다"라고 고백했습니다.

달란트 비유도 마찬가지입니다. 주님은 작은 일에 충성하면 많은 것을 맡기고, 착하고 충성되다고 칭찬하며, 주인의 즐거움에 참여시킬 것이라고 말씀하셨습니다. 한 날의 괴로움은 지나갈 것이기 때문에 감사하라고 하셨습니다. 욕심을 부리거나 헛된 마음을 품지 않고 작은 일에 충실하면 하나님이 넘치도록 풍성하게 해 주십니다.

핵심과 본질, 우선순위를 놓치지 않는 것이 무엇보다 중요합니다. 염려하지 않고 감사하기 위해서는 예방의학을 해야 합니다. 즉 먼저 구하는 것이 있어야 합니다. 먼저 구할 때 핵심을 기억하고 본질에 집중하며 오직 예수, 절대 기도, 평생 감사가 자동 반사됩니다. 본질을 찾았으니까, 주제 파악이 되었으니까, 본업에 성공하니까 하나님이 알아서 보너스를 주십니다. "모든 것을 너희에게 더하시리라"는 33절 말씀을 기억하십시오.

백해무익한 염려와 걱정을 버리고 그의 나라와 그의 의를 구하며 하나님의 주권을 인정하십시오. 마음을 새롭게 하고 본질을 회복하십시오. 하나님의 나라와 이 땅을 위해 기도하며 작은 것에서 성공을 이루어 가십시오. 그의 나라를 구하고 그의 의가 충만한 사람은 세상에 눌리거나 요동하지 않습니다. 세상이 감당할 수 없는 사람이 됩니다.

신앙의 본질과 핵심 가치를 붙잡아 본업에서 성공하기를 바랍니다. 하나님의 마음을 시원하게 해 드리고, 주님 오시는 그 날까지 사명을 잘 감당하고, 주님 오실 때 칭찬받을 수 있기를 바랍니다.

보배를 질그릇에

"우리가 이 보배를 질그릇에 가졌으니 이는 심히 큰 능력은 하나님께 있고 우리에게 있지 아니함을 알게 하려 함이라 우리가 사방으로 우겨쌈을 당하여도 싸이지 아니하며 답답한 일을 당하여도 낙심하지 아니하며 박해를 받아도 버린 바 되지 아니하며 거꾸러뜨림을 당하여도 망하지 아니하고 우리가 항상 예수의 죽음을 몸에 짊어짐은 예수의 생명이 또한 우리 몸에 나타나게 하려 함이라"(고후 4:7-10).

고린도후서 4장은 그릇에 대해 이야기합니다. 사도 바울은 보배를 질그릇에 가졌다고 말합니다. 보배를 질그릇에 넣는다니 무슨 뜻입니까? 이는 보석처럼 찬란하고, 별빛처럼 영롱하고, 꽃보다 아름다운 주님의 사랑을 질그릇 같은 자신 안에 담고 있다는 뜻입니다. 그릇이 작으면 하나님이 아무리 많은 복을 쏟아부어 주셔도 담지 못합니다. 우리는 모든 것을 받아들이는 바다처럼 마음이 넓은 사람, 여유 있는 사람이 되어야 합니다. 그릇이 커야 담을 수 있습니다. 통이 커야 하는 것입니다.

성경은 온통 그릇 이야기로 가득합니다. 엘리사는 그릇을 빌려서라도 갖다 놓으라고 했습니다. 하나님이 축복을 쏟아부어 주실 때 그릇만큼 채워 주시고, 그릇이 떨어지면 축복도 떨어지기 때문입니다. 다윗은 복을 받았지만 범죄하고 난 뒤 깊은 절망과 죄책감 속에서 눈물로 절절히 기도했습니다(시 51:10-12). 그리고 세월이 지난 뒤 "내 잔이 넘치나이다"(시 23:5)라고 고백했습니다. 또 시편 56편 8절에서는 "나의 눈물을 주의 병에 담으소서"라고 말했습니다. 눈물을 담는 병이 있습니다. 하나님은 눈물 병을 채워야 응답을 주십니다.

예수님이 가장 먼저 행하신 기적을 잘 알 것입니다. 가나 혼인 잔치 때 돌 항아리 여섯 개에 담긴 물로 포도주를 만드신 것입니다(요 2:1-11). 마태복음 2장 11절에서 동방 박사들은 아기 예수님께 경배하고 보배 합을 열어 황금과 유향과 몰약을 예물로 드렸습니다. 마리아는 향유 옥합을 깨뜨려서 예수님의 죽음을 기념했습니다(마 26:6-13).

디모데후서 2장 20절에는 큰 집에 있는 금그릇과 은그릇뿐 아니라 나무 그릇과 질그릇 이야기가 나옵니다. 그릇이 많다는 것은 다양성을 말합니다. 간장은 종지에 담고, 된장은 뚝배기에 끓여야 맛있듯이 어울리는 그릇이 있습니다. 그릇에 따라 맛이 다르고 멋이 다릅니다. 하나님은 다양한 그릇에 맞게 맞춤형 복을 주십니다.

이쯤에서 우리는 그릇에 대해 생각해 보아야 합니다. 그릇은 곧 인격을 말합니다. 간혹 성도들 중에 요동하지 않고 담대해 보이는 분들이 있습니다. 그들은 인생의 여러 질곡을 겪어온 분들이라고 볼 수 있습니다. 불같은 연단을 지나면 정금 같은 믿음이 나옵니다. 순도 99.9퍼센트의 정금이 되는 것이지요. 천 번을 불리는 것이 '연'이고, 만 번을 두드려 맞는 것이 '단'입니다. 천 번 만 번 담금질을 하고 망치질을 해 연단을 받은 후 비로소 담담해지는 것입니다. 불같은 용광로를 통과한 뒤 비로소 평안한 상태가 되는 것입니다.

때로 고집이 세고 냉혈한 같은 그릇을 가진 사람을 만나게 됩니다. 마치 애굽의 바로 왕과도 같습니다. 그가 망한 이유는 강퍅해서가 아닙니까? 우리는 소통이 되는 사람, 열린 사람이 되어야 합니다. 마음에 여유가 없고 고지식하고 강퍅한 그릇이 되면 망할 수밖에 없습니다. 아무리 하나님이 복을 쏟아부어 주셔도 밑 빠진 독, 금이 간 독, 이가 빠진 그릇은 쓸 수 없습니다.

꿀을 담아 놓으면 꿀단지, 보석을 담아 놓으면 보석함이 됩니다. 중요한 것은 그릇이 어떠하든지 주께서 쓰시면 된다는 것입니다. 사람은 비싸고 좋은 그릇을 선호하지만 하나님은 아닙니다. 그분은 보잘것없는 질그릇 같은 우리를 아끼고 사랑하십니다.

신앙생활을 할 때는 그 속에 담겨 있는 보배가 중요합니다.

꿀을 담아 놓으면 꿀단지, 보석을 담아 놓으면
보석함이 됩니다. 중요한 것은 그릇이 어떠하든지 주께서 쓰시면 된다는
것입니다. 사람은 비싸고 좋은 그릇을 선호하지만 하나님은 아닙니다.
그분은 보잘것없는 질그릇 같은 우리를 아끼고 사랑하십니다.
신앙생활을 할 때는 그 속에 담겨 있는 보배가 중요합니다.

요한복음에는 예수님이 누구이신가에 대해서 나옵니다. 예수님은 선한 목자이십니다. 포도나무이시고 문이시고 진리이십니다. 생명이시요 부활이십니다. 예수님은 보배 그 자체이십니다. 그에 비해 우리는 깨지기 쉬운 뚝배기요 질그릇이요 아무 가치 없는 그릇에 불과합니다.

사도 바울은 예수님을 만나고 난 후 자신이 죄인 중에 괴수요 훼방자요 핍박자라고 했습니다. 하나님께 어울리지 않는 자신의 부적격함을 보고 절망했습니다. 그러다가 나의 나 된 것은 하나님의 은혜이므로 자랑할 것이 아무것도 없다고 고백했습니다. 또한 보배를 질그릇과 같은 자기 안에 담아 두었는데 이는 심히 큰 능력이 하나님께 있음을 알게 하려 함이라고 했습니다.

오늘날은 디자인과 포장을 중요시하는 시대입니다. 선물을 받아 보면 포장이 매우 거창합니다. 중요한 것은 실력이고 내용물입니다. 그러나 형식이 내용을 담는 법입니다. 내용도 중요하지만 형식, 즉 담는 그릇도 중요한 것이지요.

믿음의 그릇은 크기가 중요합니다. 입을 넓게 열고 믿음의 그릇을 크게 만들어야 고이고 담기고 남습니다. 우리는 어느 순간 쓰임 받기 위해 평생을 준비합니다. 주님이 합당하게 쓰실 만한 그릇으로 준비된 우리를 보실 때 얼마나 기뻐하시겠습니까? 때로 우리는 자신의 인격에 대해 절망하곤 합니다. 하지만 하나님은 사람을 차별하지 않으시고 귀한 보배를 우리처럼 값싼 질그릇에 담아 주십니다. 쓸데없는 우리를 값지게 하십니다. 심히 큰 능력은 하나님께 있는 것이지 우리에게 있는 것이 아닙니다. 모든 것이 하나님의 은혜로 된 것입니다.

우리는 어떤 그릇입니까? 어떤 형태, 어떤 크기, 어떤 강도, 어떤 재질, 어떤 순도의 그릇입니까? 우리의 그릇에는 무엇이 담겨 있습니까? 우리가 답답한 일을 당해도 낙심하지 않고, 박해를 받아도 버린 바 되지 않고, 꺼꾸러뜨림을 당해도 망하지 않는 이유는 우리 속에 생명 되신 예수님이라는 보배를 담아 두었기 때문입니다. 그 보배를 들고 나가는 자마다 이기는 자요 영광스러운 승리자가 되기 때문입니다.

우리는 자랑할 것이 전혀 없는 존재입니다. 그렇다고 해서 자기 비하에 빠질 필요는 없습니다. 우리가 자랑해야 할 것은 질그릇 같은 우리 속에 담긴 보배이신 예수님입니다. 우리는 예수 향기를 드러내고 하나님의 형상을 회복해야 합니다. 내 자존심, 영광을 가지고 신앙생활을 할 수는 없습니다. 우리는 하나님의 영광을 위해 살아야 합니다. 우리의 작은 그릇, 질그릇 같은 모습 속에 하나님이 보배를 담아 두셨습니다. 그 보배로써 영롱하게, 찬란하게 삶을 살아 드리는 우리 모두가 되기를 바랍니다.

반전 감사

다니엘, 요셉, 하박국, 그리고 사도 바울. 이
들에게는 공통점이 있습니다. 결론이 같다
는 사실입니다. 근심 걱정이 없는 사람은 없
습니다. 그러나 우리에게 주어진 삶을 염려
와 불평으로 채우지 말고 일단 감사부터 하
십시오. 선불 감사, 평생 감사, 반전 감사,
생각 감사를 하면 얼굴이 밝아지고 관계가
따뜻해집니다. 우리가 무슨 일이든 최선을
다하지 않으면 평생 아쉬움이 남기 마련입
니다. 최선을 다하고 난 뒤에는 미련 없이
접고 다시 시작할 수 있지만 대충 하면 접지
도 못하고 새로 시작하지도 못해 평생을 애
매모호하게 살아가게 됩니다. 사람은 순간
순간 최선을 다하고 현재에 감사해야 하는

것입니다. 우리는 바쁠수록 기도해야 합니다. 힘들수록 찬송하고 어려울수록 감사해야 합니다. 그러면 얼굴이 펴지고, 마음이 풀어지고, 관계가 회복됩니다. 이삭은 번제단을 지남으로 사선을 넘었기 때문에 온유한 사람이 된 것입니다. 이사야는 거룩하신 하나님의 존전에서 자신이 초라하고 부정한 인간임을 목도했기에 "내가 여기 있나이다 나를 보내소서"(사 6:8)라고 말할 수 있었습니다. 수많은 하나님의 사람들이 환경과 배경, 조건에 의해서가 아니라 중심에서부터 감격이, 감동이, 감사가 흘러나옴으로 승리한 것처럼 우리 시대에 반전 감사가 있기를 간절히 바랍니다.

한계의 축복

"엘리야가 그곳 굴에 들어가 거기서 머물더니 여호
와의 말씀이 그에게 임하여 이르시되 엘리야야 네가
어찌하여 여기 있느냐 그가 대답하되 내가 만군의 하
나님 여호와께 열심이 유별하오니 이는 이스라엘 자
손이 주의 언약을 버리고 주의 제단을 헐며 칼로 주
의 선지자들을 죽였음이오며 오직 나만 남았거늘 그
들이 내 생명을 찾아 빼앗으려 하나이다 여호와께서
이르시되 너는 나가서 여호와 앞에서 산에 서라 하시
더니 여호와께서 지나가시는데 여호와 앞에 크고 강
한 바람이 산을 가르고 바위를 부수나 바람 가운데에
여호와께서 계시지 아니하며 바람 후에 지진이 있으
나 지진 가운데에도 여호와께서 계시지 아니하며 또
지진 후에 불이 있으나 불 가운데에도 여호와께서 계
시지 아니하더니 불 후에 세미한 소리가 있는지라"
(왕상 19:9-12).

성경 역사상 가장 힘 있게 쓰임 받은 선지자를 꼽으라면 단연
엘리야입니다. 흔히 구약을 대표하는 인물로 모세와 엘리야를
듭니다. 모세는 율법의 대표요, 엘리야는 선지자의 대표입니
다. 열왕기상 19장은 위대한 선지자 엘리야가 그의 일생 중 가
장 어렵고 극심한 우울증을 앓았던 때의 이야기를 다루고 있습
니다.

엘리야에 대한 이야기는 가문, 학벌에 관한 언급이 전혀 없이 "길르앗에 우거하는 자 중에 디셉 사람 엘리야"(왕상 17:1)라는 말씀으로 갑자기 등장합니다. 엘리야는 과연 누구이며, 어떤 사람이었을까요?

엘리야는 영성이 강한 사람이었습니다. 그의 관심은 오로지 "무너진 여호와의 제단을 수축"(왕상 18:30)하는 데 있었습니다. 그는 혼자서 바알과 아세라 거짓 선지자 850명을 감당했고, 기도로 하늘에서 불을 내렸으며, 기도로 하늘 문을 여닫았습니다. 그뿐이 아닙니다. 3년 6개월 만에 비가 내릴 때는 아합의 마차를 맨발로 달려 앞질렀던 자였습니다.

그렇게 승승장구하던 엘리야, 그에게 19장을 넘어가면서 큰 반전이 일어납니다. 엘리야는 칼로 죽임을 당하리라는 이세벨의 위협에 낙심해 로뎀 나무 아래에 앉아서 "여호와여 넉넉하오니 지금 내 생명을 거두시옵소서"(4절) 하며 한탄을 합니다. 그리고는 호렙 산 동굴에 숨어 버립니다. 이를 보신 하나님이 "엘리야야 네가 어찌하여 여기 있느냐"(9절) 하고 물으시자 엘리야는 답합니다.

"내가 만군의 하나님 여호와께 열심이 유별하오니 이는 이스라엘 자손이 주의 언약을 버리고 주의 제단을 헐며 칼로 주의 선지자들을 죽였음이오며 오직 나만 남았거늘 그들이 내 생명을 찾아 빼앗으려 하나이다"(10절).

엘리야는 자신이 처한 상황을 다섯 가지로 설명했습니다. 자세히 보십시오. 그의 내면이 그대로 드러납니다. 엘리야가 한 말을 구체적으로 살펴보면 이렇습니다.

첫째, 엘리야는 "만군의 하나님 여호와"라고 말했습니다. 엘리야는 하나님을 향해 슈퍼맨 콤플렉스가 있었습니다. 하나님을 위대하고 엄청나신 분으로만 생각했던 것입니다. 그렇다 보니 신앙생활이 뜬구름 잡듯 붕붕 떠 있었던 것입니다.

하나님은 위대한 만군의 하나님이시지만 한편으로 굉장히 세밀한 분이십니다. 열왕기상 18장 44절을 보면 엘리야가 간절히 일곱 번을 기도하고 난 후에 기도 응답이 손만 한 작은 구름으로 나타났습니다. 또한 19장 6절에서 하나님은 우울증에 빠진 엘리야를 회복시키기 위해 약을 쓰셨는데 그 약이 겨우 떡 한 조각과 물 한 병이었습니다. 19장 12절에서는 들릴 듯 말 듯 세미한 소리로 엘리야에게 나타나셨습니다.

엘리야는 하나님을 오해한 것입니다. 너무 위대하신 하나님 만군의 여호와를 고백하다 보니 현실성이 없어진 것이지요. 하나님을 거룩하고 위대하신 분으로만 생각해 '내 삶의 초라한 것을 하나님이 아시겠는가' 하고 생각했던 것입니다. 그러나 하나님은 세밀한 분이시요 삶의 전 영역에서 우리를 구원해 주시는 분임을 깨달아야 합니다. 그래서 우리가 삶과 신앙을 일치시키는 것이 중요한 것입니다. 다윗의 신앙이 위대한 것은 위대하신 하나님을 양을 치는 현실에서 만났기 때문입니다.

둘째, "열심이 유별하오니"라는 말씀에서 엘리야의 내면을 찾아볼 수 있습니다. 열심에 한계가 온 것입니다. 많은 사람들이 연말이 되고 한 해가 저물어 가면 여러 분야에서 한계를 느낍니다. 체력에 한계를 느끼고, 사업에 한계를 느끼고, 부부 관계, 자식 농사에 한계를 느낍니다.

그러나 우리는 한계가 축복인 줄 알아야 합니다. 빨리 한계를 느껴야 합니다. 한계를 느끼지 못하고 내 힘으로, 내 돈으로, 내 열심으로 세상을 살아갈 수 있다고 생각하는 것은 착각입니다. 그것은 잠시 잠깐 허장성세를 누릴 따름이지만 빛 좋은 개살구에 불과합니다. 어느 순간 한계점에 다다라 더 이상 못하겠다고 손 놓을 때가 옵니다.

그렇다면 한계를 느낄 때 어떻게 해야 합니까? 주님 앞에 엎드려야 합니다. 세상 줄을 끊고 기도의 줄을 붙잡아야 합니다. 그때 믿음이 쑥 자라납니다. 그때 내려놓음의 축복, 포기의 축복이 있습니다. 주님 앞에 나갈 때는 자신의 모습 그대로 나가면 됩니다. 주님은 허물 많은 베드로를 수제자로 쓰시고, 의심

많은 도마를 확신의 종으로 쓰셨듯이 우리의 있는 그대로의 모습을 받아 주십니다.

셋째, "이스라엘 자손이 주의 언약을 버리고 주의 제단을 헐며 칼로 주의 선지자들을 죽였음이오며"라는 말씀에서 찾아볼 수 있습니다. 마음속에 타인에 대한 분노와 원망이 일어나는 것입니다. 전형적인 공황장애 증세로, 사람이 보기가 싫고 배우자와 자식이 미워지는 것입니다. 기대가 크면 실망도 큰 법입니다. 원망과 분노는 우울증의 증세들입니다.

넷째, 엘리야는 "오직 나만 남았거늘"이라고 말했습니다. 세상에 믿을 사람이 없으며 나만 고군분투하느라 힘들다고 착각한 것입니다. 그러나 알고 보니 7천 명이나 남아 있었습니다. 여기서 숫자 7은 완전 수를 의미합니다. 하나님은 엘리야의 생각을 바꾸어 주시고 착각을 깨뜨려 주셨습니다. 엘리야만 힘든 것이 아니라 그보다 더 힘들고 더 고독한 가운데서도 끄떡없이 버티고 있는 7천 명을 숨겨 놓았다고 말씀하셨습니다.

다섯째, 엘리야는 "그들이 내 생명을 찾아 빼앗으려 하나이다"라고 말했습니다. 가만두어도 죽을 것 같다는 뜻입니다. 살해의 위협을 느끼는 것은 마음이 병든 증세 중 하나입니다.

이들 다섯 가지 증상이 엘리야의 현재 상태였습니다. 열심의 한계, 관계의 한계, 체력의 한계 등 인생의 한계점에 도달했던 것입니다.

그러나 다행히도 그것은 모두 오해였습니다. 하나님은 그런 엘리야의 착각을 깨뜨려 주십니다. "나는 구름 위에 존재하는 위대하고 전능한 하나님만이 아니라 네 삶 속에, 네 곁에 있다"고 말씀해 주십니다. 세미하신 하나님, 작은 구름 한 조각을 가지고 기적을 창출하신 하나님, 물 한 병을 가지고 우울증을 고치시는 하나님의 모습을 보여 주십니다. 작은 모습, 세밀한 모습을 보여 주면서 엘리야를 회복시키십니다. 그리고 놀랍게도 이후 엘리야는 이스라엘을 대표하는 지도자가 됩니다.

그렇다면 우리는 엘리야와 다를까요? 그렇지 않습니다. 야고보서 5장 17절은 "엘리야는 우리와 성정이 같은 사람이로되"라고 말합니다. 내 힘으로 인생이 유지된다고 느끼는 것은 큰 착각입니다. 사랑하면 상처받고, 기대하면 실망하고, 믿는 도끼에 발등 찍히는 것이 인생입니다. 주님은 차라리 죽는 것이 낫겠다고 울부짖는 엘리야에게 세미한 소리로 부드럽게 속삭이셨듯이 우리가 지치고 상할 때마다 우리에게 먼저 찾아와 속삭이며 위로해 주십니다.

그러므로 주님 앞에 버티지 마십시오. 자기를 속이고 하나님을 속이지 마십시오. 인간은 약한 존재입니다. 매일 한계선상에서 허덕이는 존재입니다. 주님 앞에 내려놓고 모든 것을 포기하십시오. "주님, 제가 진짜 힘듭니다" 하고 나오세요. 그것이 축복의 시작이요, 그때부터 제2의 인생을 살아가게 됩니다.

엘리야가 처한 다섯 가지 문제는 보통 사람들에게는 위기가 되지만 예수님을 믿는 사람들에게는 기회가 될 수 있습니다. 위기가 곧 기회라는 말도 있지 않습니까. 이것이 한계의 축복입니다. 그때 주님 앞에 두 손 들고 나가면 주님이 그대로 우리를 맞아 주십니다. 엘리야와 같이 거듭남으로 주님의 손을 잡아 아름다운 동행을 하는 우리가 되기를 간절히 바랍니다.

하나님과의 밀당

"마음의 경영은 사람에게 있어도 말의 응답은 여호와께로부터 나오느니라 사람의 행위가 자기 보기에는 모두 깨끗하여도 여호와는 심령을 감찰하시느니라 너의 행사를 여호와께 맡기라 그리하면 네가 경영하는 것이 이루어지리라"(잠 16:1-3).

성경을 보면 하나님이 한 시대에 쓰신 사람들은 혈기가 왕성하고 욕심이 많은 사람들이 아니라는 사실을 알 수 있습니다. 그렇다면 그들이 하나님께 쓰임 받은 특별한 이유는 뭘까요?

하나님과의 샅바 싸움에서 하나님께 얼마나 빨리 항복하느냐, 얼마나 빨리 주도권을 그분께 넘겨주느냐가 오히려 그들을 자유롭게 하고 행복하게 하는 이유가 되었습니다.

모세를 생각해 보세요. 그는 태어난 지 세 달 만에 나일 강에 떠내려가 애굽 공주의 품에 안겼습니다. 애굽 왕실에서 로열 코스를 마쳤지만 하나님께 쓰임 받지 못했습니다. 하나님은 모세의 힘을 빼시고 광야에서 80세가 될 때까지 기다리셨습니다. 그리고 그제야 출애굽의 지도자로서 이스라엘 백성들을 거친 광야 생활 40년을 가로질러 약속의 땅 가나안까지 이끌게 하셨습니다.

어떻게 보면 신앙생활은 하나님과의 '밀당'과도 같습니다. '밀당'이라는 말을 다들 아실 것입니다. 밀고 당기는 것을 뜻합니다. 즉 신앙생활은 하나님과 영적인 샅바 싸움을 하는 것입니다. 운동할 때는 힘의 완급과 강약 조절이 중요합니다. 씨름은 힘으로 밀어붙인다고 무조건 이길 수 있는 게 아닙니다. 상대방의 힘을 역이용하면 제풀에 넘어지게 할 수도 있습니다. 이것은 마라토너들에게도 적용될 수 있습니다. 42.195킬로미터를 완주하는 동안 페이스 조절에 실패하면 초반에 1등을 해도 중간에 탈락하고 맙니다.

운동 경기에 있어서 완급과 강약 조절이 중요하듯이 신앙생활에서도 마찬가지입니다. 사람들은 생각합니다. '내 인생은 내가 살아가는 것이다. 내가 돈을 버는 만큼 부자가 될 것이고, 내가 열심히 운동하는 만큼 건강해질 것이다.' 그런데 다 착각입니다. 우리가 긴 세월을 살아 보면 세상이 참 마음대로 되지 않는다는 것을 대부분 느끼게 됩니다.

어릴 적 시골 교회에 다닐 때 저는 전도사님께 제 장래에 대해 자주 여쭤 보았습니다. 그때마다 전도사님은 늘 이렇게 답하셨습니다.

"문훈아, 잠언 16장을 보거라."

잠언 16장 내용이 무엇입니까? "마음의 경영은 사람에게 있어도 말의 응답은 여호와께로부터 나오느니라 사람의 행위가 자기 보기에는 모두 깨끗하여도 여호와는 심령을 감찰하시느니라 너의 행사를 여호와께 맡기라 그리하면 네가 경영하는 것이 이루어지리라"(1-3절).

잠언 16장의 전체적인 말씀을 요약하면, 사람이 애쓰고 노력할지라도 하나님이 하늘 문을 열고 인도해 주셔야만 한다는 것입니다. 신앙생활은 하나님과의 샅바 싸움이요 하나님과의 밀당입니다. 사람들은 하나님과의 씨름에서 주도권을 빼앗기지 않으려고 평생 노력합니다. 내려놓으면 안 될 것만 같아서 아등바등하지요. 그러나 우리는 혼자 버티는 세월이 길어질수록 고통과 고독과 처절함이 더 심해진다는 사실을 알아야 합니다. 이 사실을 모르는 사람이 너무 많습니다.

사실 하나님께 맡겨 드리는 일은 생각처럼 쉽지가 않습니다. 사람은 누구에게 무엇을 맡기지 못합니다. 맡길 수도 없고, 맡기고 싶지도 않고, 맡겨지지도 않습니다. 그러나 우리가 경영하는 모든 것을 하나님께 맡겨 버려야만 합니다. '맡기다', '의지하다', '신뢰하다', '위탁하다', '던져 버리다'는 모두 같은 뜻입니다. 하나님께 모든 무거운 짐을 맡겨 버리세요. 그러면 홀가분해지고 자유로워지고 평안해집니다.

하나님은 우리와의 씨름에서 늘 져 주십니다. 늘 속아 주시고, 늘 기다려 주십니다. 그러다 보니 사람들이 정신을 차리지 않아요. 그러니 자기 마음대로 살아가는 세월이 길어지는 것입니다. 예수님을 믿는다는 것은 삶의 주도권을 내가 쥔 채 내 기분대로, 내 감정대로, 내 정욕대로 사는 것을 포기하고 주님께 주도권을 맡기는 것입니다.

그러면 그다음에는 어떻게 될까요? 어떤 일이 일어날 때 내 기분과 감정을 따라 즉흥적으로 살아가는 것이 아니라 하나님께 여쭈어 보게 됩니다. 그것이 기도입니다. 기도하는 사람은 누가 무슨 부탁을 하더라도 얼른 대답할 수가 없습니다. "제가 기도해 보고 말씀드리겠습니다" 하고 말하게 됩니다. 하나님께 주도권을 맡겼기 때문에 주님께 여쭈어 보아야 하는 것입니다. 이것이 신앙생활입니다.

어떤 분 사무실에서 예배를 드리는데 벽에 걸린 액자에 "삼사일언(三思一言)"이라고 쓰여 있었습니다. 무슨 뜻입니까? '세 번 생각하고 한 번 말하라'라는 뜻입니다. 옛날에는 무슨 일을 하든 내 기분대로 해왔다면 이제는 하나님께 세 번은 물어봐야 되는 것입니다. "하나님, 제가 이것을 할까요? 해도 될까요? 이렇게 할까요?"

하나님께 여쭈어 보면 밀당의 명수이신 하나님이 지팡이와 막대기로, 이른 비와 늦은 비로 맞춤형 복을 주십니다. 지팡이는 양이 웅덩이에 빠졌을 때 걸어서 끌어당기는 데 쓰는 물건이고, 막대기는 악한 짐승을 쫓아낼 때 쓰는 물건입니다. 하나님은 지팡이와 막대기로 우리 인생을 몰아가시되 결국 어디로 인도하실까요? 복이 되고 답이 되도록 몰아가십니다. 따라서 신앙생활을 한다는 것은 내 주도권을 주님께 넘겨 드리는 것이고, 내게 좋은 것을 주시는 하나님을 믿으면서 그분의 인도하심을 따르는 것이라고 할 수 있습니다.

인생을 살아 보니 내가 욕심 부리고 고집을 부린 것보다 하나님이 주신 것이 항상 가장 좋은 것이었음을 느낍니다. 주님 앞에서는 항복하면 행복하고, 지는 게 이기는 것이고, 회개하면 회복하는 것입니다.

그런데 사람들은 자기 고집과 자존심으로 버티다 보면 피곤하고 힘든데도 고집을 내려놓지 못합니다. 내 인생은 내가 살아가야 한다고 생각하기 때문에 고독하고 힘든 겁니다. 성경은 "수고하고 무거운 짐 진 자들아 다 내게로 오라 내가 너희를 쉬게 하리라"(마 11:28)라고 말합니다. 여기서 주어를 보셔야 합니다. 바로, '주님'입니다. 주님만이 우리를 쉬게 하십니다. 이 세상에는 참된 평화와 안식이 없습니다. 주님 앞에 항복할 때, 주님 품으로 돌아가 엎드릴 때 가능합니다.

성경 인물 중에 야곱의 인생을 돌아봅시다. 그는 이름 자체가 '약탈자, 사기꾼'이란 뜻입니다. 엄마 배 속에 있을 때부터 야곱은 쌍둥이 형과 싸웠고, 형 발을 붙잡고 태어났으며, 일평생 남한테 지는 것을 싫어했습니다. 욕심꾸러기 야곱은 나중에 나이가 많아서 회고하기를, "내가 참 험악한 세월을 살아왔구나" 했습니다. 욕심을 부린 만큼, 고집을 부린 만큼 인생이 험해지는 것입니다.

야곱은 형과 20년 동안 묵혔던 감정을 해결하지 못하고 원수처럼 지냈습니다. 그런데 어떻게 해결했습니까? 얍복 강에서 주의 사자의 샅바를 잡고 씨름을 했습니다. 씨름에서 허벅지 관절이 어긋난 뒤에야 비로소 인생을 버티지 못하고 할 수 없이 항복하고 말았습니다. 그렇게 하나님을 독대하고 난 뒤 야곱은 '이긴 자', 이스라엘이 되었습니다.

고달픈 인생길에서 빨리 항복하는 것이 사는 법이고, 빨리 주님 앞에 내려놓는 것이 자유로워지는 것이며, 빨리 주님 품으로 돌아가는 것이 행복한 것입니다. 이것이 잠언 16장 3절, "너의 행사를 여호와께 맡기라"라는 말씀의 뜻입니다.

우리가 잘 아는 아브라함은 어떻습니까? 하나님은 아브라함을 75세에 부르셨습니다. 아브라함에게 평소 의지하고 자랑하던 고향 친척 아버지의 집을 떠나라고 말씀하셨습니다. 성숙하게 떠날 때 새로운 만남의 축복이 있습니다. 잘 떠난 사람이 아브라함입니다. 포기하고 떠났기 때문에 아브라함이 복의 근원이 된 것입니다. 하나님은 떠난 아브라함에게 "동서남북을 바라보라. 너에게 사통팔달(四通八達)의 복을 주겠다"라고 말씀하셨습니다. 자기의 욕심을 포기하고 떠날 때 하나님은 새로운 지경을 넓혀 주시고 복의 근원이 되는 은혜를 주십니다.

저는 바다를 좋아하는데 세 가지 이유 때문입니다.

첫째, 바다는 모든 것을 받아들이기 때문입니다. 바다가 넓은 이유는 빗물도 냇물도 하수도 물도 받아들이기 때문입니다. 저는 바다의 수용성을 닮고 싶습니다.

둘째, 바다 색이 하늘 색을 닮았기 때문입니다. 하늘에 태풍이 일면 바다도 뿌옇게 되지만 하늘이 파랄 때 바다도 파래집니다. 이것을 '바라봄의 원칙'이라고 합니다. 우리의 인생에 좋은 것을 바라보고 그대로 닮는 역사가 일어나야 할 것입니다.

셋째, 바다에는 파도가 있기 때문입니다. 우리 인생도 밀물과 썰물, 즉 밀당이 있기 때문에 의미가 있는 것 아니겠습니까? 변화무쌍한 현실 속에서 중요한 것은 하나님이 내 인생을 책임지고 인도하신다는 사실입니다. 허물 많은 베드로를 보세요. 사복음서를 보면 예수님이 베드로를 한 번도 내치지 않으시고, 용서하시고 기다려 주신 모습을 볼 수 있습니다. 기다리시되 마침내 수제자가 되기까지 그에게 집중하시고, 천국 열쇠를 받는 그 순간까지 천 번이고 만 번이고 속아 주셨습니다.

하나님과의 씨름에서는 샅바를 잡은 손이 중요합니다. 우리가 제멋대로 한쪽 손을 놓으면 어떻게 될까요? 그래도 괜찮습니다. 하나님의 강력한 오른팔에 붙잡혀 있기 때문입니다. 강력하게 잡혀 있을 때가 행복한 것입니다. 아장아장 걸어가는 아기는 아빠 손을 잡으면 넘어질 틈이 없어요. 아빠와 함께 자전거 타는 연습을 하는 아이도 넘어질 틈이 없습니다. 든든한 아빠가 뒤에 떡 버티고 있기 때문입니다. 하나님은 나와 항상 동행하셔서 지팡이와 막대기를 비롯해 온갖 것을 동원해서 일평생 나를 붙드시고 이끄시고 몰아가십니다. 우리를 선대하시고 우리에게 좋은 것을 주십니다.

살다 보면 때로 도망가 버리고 싶고, 주님이 싫고 부담스러울 때도 있기 마련입니다. 그러나 주님은 한 번도 우리를 외면하지 않으시고, 박대하지 않으시고 우리를 붙잡은 손을 천국 가는 그날까지 놓지 않고 붙들고 가십니다.

예수님을 믿는 것은 주님을 마음속에 모셔 들이는 것입니다. 예수님을 영접하고 받아들여 앞으로의 삶을 철저히 주님께 위탁하고 내려놓으시기 바랍니다. 항복하면 행복하고, 지는 것이 이기는 것입니다. 예수님을 믿으면 하나님이 그 삶을 형통하게 인도해 주시고, 그분을 의지하고 사랑하는 만큼 원도 한도 없는 미래의 세계를 담보해 주십니다. 이 하나님께 우리 인생을 맡겨 드립시다.

의인의 길

"복 있는 사람은 악인들의 꾀를 따르지 아니하며 죄
인들의 길에 서지 아니하며 오만한 자들의 자리에 앉
지 아니하고 오직 여호와의 율법을 즐거워하여 그의
율법을 주야로 묵상하는도다 그는 시냇가에 심은 나
무가 철을 따라 열매를 맺으며 그 잎사귀가 마르지
아니함 같으니 그가 하는 모든 일이 다 형통하리로다
악인들은 그렇지 아니함이여 오직 바람에 나는 겨와
같도다 그러므로 악인들은 심판을 견디지 못하며 죄
인들이 의인들의 모임에 들지 못하리로다 무릇 의인
들의 길은 여호와께서 인정하시나 악인들의 길은 망
하리로다"(시 1:1-6).

시편은 인생의 희로애락을 기록해 놓은 것으로, 1편에는 의인
들과 악인들, 죄인들 등 사람에 대한 이야기가 나옵니다. 복 있
는 사람은 악인들의 꾀를 따르지 아니하며, 죄인들의 길에 서지
아니하며, 오만한 자들의 자리에 앉지 않습니다. 성공하기 위
해서는 실패하지 않으면 됩니다. 복을 받기 위해서는 복 없는
행위를 하지 않으면 됩니다. 1절 말씀처럼 복 있는 사람은 부
정적인 쪽으로 가지 않습니다. 관심 사항과 분위기가 악인들과
전혀 다릅니다. 복 있는 사람은 복 있는 사람을 만나고, 복 있는
자리에 가고, 복 있는 관계를 가집니다. 어디에 자리를 잡고, 누

구를 만나고, 어떤 일을 하느냐는 중요합니다. 자리가 절대적인 영향을 미치기 때문입니다.

복 있는 사람은 부정적인 쪽으로 가지 않는 한편 긍정적으로는 오직 여호와의 율법을 즐거워하여 그의 율법을 주야로 묵상합니다(2절). 사실 설교 듣는 것이 좋고, 기도하는 것이 즐겁기란 쉽지 않습니다. 우리 인생이라는 것이 세월이 흐르면서 부정적인 쪽으로 흐르기 쉬운데 복 있는 사람은 달라도 뭔가 다른 삶을 살아가는 것입니다.

의인에게는 시냇가에 심은 나무와 같이 세 가지 특징이 있습니다. 첫째, 철을 따라 열매를 맺습니다. 세월이 흐르면서 자란다는 뜻입니다. 둘째, 잎사귀가 마르지 않습니다. 셋째, 모든 일이 형통합니다. 의인은 시냇가에 심은 나무와 같이 뿌리가 깊어 수맥에 닿아 있기 때문에 사막에서도 마르지 않고, 뿌리 깊은 영성의 소유자가 되며, 사시사철 푸르고, 철을 따라 열매를 맺고, 하는 일이 다 형통합니다. 형통이란 하나님이 합력해서 선을 이루시듯 후반전에 가서 잘되는 것을 의미합니다.

이와 대조적으로 악인은 바람에 나는 겨와 같으며 뿌리가 없기 때문에 늘 요동칩니다. 악인들은 심판을 견디지도 못하고 의인들의 모임에 들지도 못합니다. 주인의 즐거움에 참여할 수조차 없습니다. 제풀에 넘어지고 묘수 끝에 악수를 둡니다. 죄

짓는 데 호기심과 관심이 많습니다. 그런 그들은 늘 정서가 불안한 삶을 살아갈 수밖에 없습니다.

시편 1편 마지막 절은 의인과 악인의 결국에 대해 "무릇 의인들의 길은 여호와께서 인정하시나 악인들의 길은 망하리로다"라고 말합니다. 어떤 길은 사람이 보기에 바르나 필경은 사망의 길입니다(잠 14:12). 의의 길에 서서 의인의 삶을 살아갈 것인지, 죄의 길에 서서 죄인의 삶을 살 것인지는 내가 선택하는 것입니다. 악하고 패역한 세대, 인본주의가 판을 치는 이 시대에 우리는 어떻게 의인의 길을 걸을 수 있을까요?

로마서의 핵심 사상은 '이신득의'입니다. 믿음으로 의롭다 함을 받는다는 뜻입니다. 3장 10절은 "의인은 없나니 하나도 없으며"라고 말합니다. 이 세상에 의인은 없습니다. 모든 사람이 죄를 범하여 하나님의 영광에 이르지 못했습니다(23절). 그러나 24절에서 "그리스도 예수 안에 있는 속량으로 말미암아 하나님의 은혜로 값없이 의롭다 하심을 얻은 자 되었느니라"라고 큰 반전이 일어납니다. 모든 사람은 죄인인데 예수님이 죄를 속량해 주셨기 때문에 하나님의 은혜로 값없이 의롭다 하심을 받았다는 뜻입니다. 여기서 속량이란 법적인 용어로서, '돈을 주고 샀다, 모든 허물을 담당했다, 계산이 다 끝났다'는 뜻입니다. 예수님이 부족과 허물을 담당하시고 해결해 주셨기 때문에 이제 예수님을 믿는 자는 의인이 되었습니다.

의인의 반열에 서 있는 자는 요동하지 않고, 시냇가에 심은 나무처럼 창창하게 흘러갑니다. 자신은 하나님 앞에 반듯한 의인이라고 말할 사람은 그 누구도 없습니다. 하나님이 오직 믿음을 의로 여기시는 것입니다. 죄인 된 자, 경건하지 않은 자, 연약한 자, 하나님의 원수 된 자가 믿음으로 의인의 반열에 서게 된 것입니다. 하나님은 부르신 자에게 의롭다고 도장을 찍어 주십니다. 이것이 의인이 되기 위한 성화의 과정입니다.

창세기 6장 9절은 "노아는 의인이요 당대에 완전한 자라 그는 하나님과 동행하였으며"라고 말합니다. 하나님이 심판하기로 작정하신 패역한 시대에 노아는 하나님께 인정받은 사람이요 의인이요 완전한 자였습니다. 물론 그의 모든 삶이 의롭지는 않았습니다. 그는 술을 마시고 아들을 저주한 자였습니다. 그럼에도 노아는 하나님께 은혜를 입었습니다. 하나님이 그를 긍휼히 여기셔서 은혜를 주시고 의롭다고 인정해 주신 것입니다.

소돔과 고모라가 멸망한 이유는 죄인이 너무 많아서가 아니라 의인 10명이 없어서였습니다. 죄인은 어디에나 있습니다. 의인이 없어서 그 땅이 멸망한 것입니다. 또한 예레미야 5장 1절

어떤 길은 사람이 보기에 바르나 필경은 사망의 길입니다.
의의 길에 서서 의인의 삶을 살아갈 것인지, 죄의 길에 서서
죄인의 삶을 살 것인지는 내가 선택하는 것입니다.
악하고 패역한 세대, 인본주의가 판을 치는 이 시대에
우리는 어떻게 의인의 길을 걸을 수 있을까요?

에서 하나님은 "너희는 예루살렘 거리로 빨리 다니며 그 넓은 거리에서 찾아보고 알라 너희가 만일 정의를 행하며 진리를 구하는 자를 한 사람이라도 찾으면 내가 이 성읍을 용서하리라"라고 말씀하셨습니다. 이처럼 의인 한 사람의 영향력은 절대적입니다. 한 사람이 샘물이 되면 그가 시냇가에 심은 나무가 되어 주변의 물을 정화하고, 그 물이 흘러가며 산천초목을 푸르게 합니다.

잠언 24장 16절은 "대저 의인은 일곱 번 넘어질지라도 다시 일어나려니와"라고 말합니다. 의인은 문제가 없는 사람이 아니라 오뚝이 신앙을 가진 사람인 것입니다. 또한 시편 34편 19절은 "의인은 고난이 많으나 여호와께서 그의 모든 고난에서 건지시는도다"라고 말합니다.

시편 37편은 모두 악인과 의인에 대한 말씀입니다. 요약하면 "악인들이 악을 행하는 것 때문에 불평하지 말라. 악인들이 잘 되는 것 때문에 노하지 말라. 때가 되면 풀과 같이 시들고 불타고 만다"는 내용입니다. 하나님과 통하는 의인은 당시는 가난하고 어려울지 몰라도 그 자손들의 삶이 순적한 것을 볼 수 있습니다. 나중 축복이 더 좋은 것이지요.

누가복음 5장 32절은 "내가 의인을 부르러 온 것이 아니요 죄인을 불러 회개시키러 왔노라"라고 말합니다. 죄인과 의인의 결정적인 차이는 회개입니다. 주님은 이 세상에 의인을 부르러 오신 것이 아닙니다. 죄인을 불러 회개시켜 의인으로 만들기 위해 오셨습니다. 회개하면 회복되고, 항복하면 행복해집니다.

험한 세상을 바쁘게 살다 보면 길도 잃고, 답도 잃고, 헷갈릴 때가 많습니다. 현대인들은 머리 둘 곳이 없고 마음 정할 곳이 없습니다. 어느 때보다 의롭고 반듯하게 살아가기가 더 힘든 시대입니다. 도무지 평안과 안녕이 없고 악인들의 길, 죄인들의 자리로 흘러가기가 너무 쉽습니다. 우리는 그럴 때 죄인을 부르러 오신 주님의 부르심에 귀 기울여 속히 마음을 고쳐먹고, 속히 길을 다잡고, 속히 마음을 재정비해야 합니다. 이것이 의인과 악인의 결정적인 차이입니다.

하나님이 사랑하시는 사람은 다른 삶을 살아갑니다. 다르다는 것이 곧 거룩입니다. 우리가 살아가는 이 세상을 탓하지 말고 썩어져 가는 이 땅에서 완전한 자 노아처럼 한 사람의 의인으로 의의 반열에 우뚝 서기를 바랍니다. 그리고 하나님 한 분만으로 충분히 만족하면서 바람에 나는 겨와 같은 존재가 아니라 견고한 믿음으로 흔들리지 않는 의로운 길, 주의 길을 감당하는 우리 모두가 되기를 바랍니다.

믿음의 표어와 실제

"사람이 마음으로 믿어 의에 이르고 입으로 시인하여 구원에 이르느니라"(롬 10:10).

회사의 사훈이나 모토, 상징 등을 보면 그 감동이 오래가고 여운이 남습니다. 이것이 표어가 가진 힘이겠지요. 오늘날 유태인들이 강한 민족이 된 이유 중에서 빼놓을 수 없는 것이 있습니다. 탈무드와 토라, 율법을 어릴 때부터 늘 귀로 듣고, 이마에 새기고, 옷소매에 달아 배우고 바라보았다는 것입니다. 또한 중국이 강대국이 된 이유는 조상들의 교훈을 압축해 한자 네 자에 담아낸 사자성어가 많기 때문입니다.

우리가 고백하는 하나님은 역전의 하나님, 반전의 하나님, 재활용의 하나님이십니다. 그리고 우리의 신앙은 이순신 신앙입니다. 이순신 신앙이란 "'아사교회생(我死敎會生)', 내가 죽으면 교회가 산다. '아생교회사(我生敎會死)', 내 자존심과 고집을 살리면 교회가 죽는다"입니다. 한 사람이 마음의 갈등을 극복하고 신앙을 업그레이드할 때는 구호나 표어, 말씀이 중요하다는 뜻입니다.

사람은 능력만큼 일하는 것이 아니라 목표만큼 일을 합니다. 목표가 있어야 명중을 합니다. 기도 제목이 있어야 응답을 받습니다. 소원이 있어야 소원의 항구로 인도함을 받습니다. 뜻을 정해야 뜻깊은 일이 생기고, 꿈을 꾸어야 꿈같은 일이 일어나고 목적이 이끄는 삶을 살게 됩니다.

우리가 기도하는 가운데 하나님께 받은 말씀과 찬송 한 구절이 살아 움직입니다. 그것을 붙들고 살아갈 때 그 말씀이 기도 제목이 되고, 평생의 가훈이 되고, 삶을 끌고 가는 강력한 에너지가 됩니다. 그 말씀을 바라보는 것이 비전이고, 그 말씀을 바라보고 부딪치는 것이 도전입니다. 그리고 그 말씀에 어떻게 반응하느냐에 따라 비전과 도전과 응전의 삶이 펼쳐지는 것입니다.

성경의 인물들을 보십시오. 다니엘은 선명한 뜻을 정했기에 뜻깊게 쓰임 받았고, 요셉은 생생한 꿈을 꾸었기 때문에 꿈 같은 삶을 살았으며, 다윗은 마음을 확정했기에 "비파와 수금아 깰지어다 새벽을 깨우리로다"라고 노래할 수 있었습니다.

엘리야는 무너진 제단을 수축하는 일에 쓰임 받는 사명이 있었고, 느헤미야도 무너진 성벽을 재건했으며, 에스더는 하나님 앞에서 타이밍을 절묘하게 포착해 수십 년 동안 쌓아 온 미모를 조국과 하나님 나라를 위해 초개같이 버렸습니다. 순간을 위해 평생을 준비한 사도 바울도 "내가 걸어서 로마까지 가리라"라는 강력하고 원대한 계획이 있었기 때문에 그 삶이 지치지 않은 것입니다.

바른 신학, 바른 신앙, 바른 생활을 가지고 항상 기뻐하면 어느 순간 절대 긍정의 사람, 복 있는 사람이 됩니다. 그래서 어디를 가든지 쓰임 받고 사랑받는 사람이 됩니다. 쓰리고 고난 없는 축복이 없습니다. 고통 없는 성숙이 없습니다. 고독 없는 임재가 없습니다. 현실에 최선을 다하고, 현장에 달인이 되고, 현재에 감사하십시오. 그때 하나님이 일하십니다.

말씀 한 구절, 찬송 한 소절이 명약보다 낫습니다. "마음으로 믿어 의에 이르고 입으로 시인하여 구원에 이르느니라"라는 로마서 말씀은 마음에서 입술로, 손으로, 머리로, 즉 하나로 흘러간다는 뜻입니다. 머리로 생각하고, 마음으로 묵상하고, 그것을 새기고 씹어 소화하는 것을 가리켜 '묵상'이라고 합니다. 묵상을 영어로 하면 'meditation'입니다. 의학을 뜻하는 'medical'과 어근이 똑같습니다. 즉 말씀이 복이 되고 신약, 구약, '보약'이

된다는 뜻입니다.

또한 이 말씀은 마음에 엉뚱한 것을 담지 말고 마음으로 예수를 믿어 입으로 선포하고 외치라고 말합니다. 하나님의 말씀과 찬양 속에서, 외마디 기도 속에서 길을 찾게 된다는 것입니다.

제가 좋아하는 성경 표현들이 있습니다. "기쁨을 샘솟듯 하게 하라", "은사를 불 일 듯하게 하라", "청춘을 독수리 날개 치듯 하라" 등입니다. '샘솟듯', '불 일 듯', '날개 치듯' 등 매우 역동적인 성령의 역사이자 하나님의 강권적인 모습을 보여 주는 말씀들입니다.

하나님의 본심은 사랑입니다. 하나님의 본심은 축복이요 거룩입니다. 우리는 하나님의 본심을 늘 기억해야 합니다. 어려운 상황에 처할 때마다 상황에 집중하기보다 하나님의 형상을 회복하고자 노력하십시오. 하나님이 우리 안에 심어 놓으신 하나님의 형상을 찾아서 불 일 듯 은사를 개발해 사용하십시오. 사랑의 변절자가 되지 말고 순수 복음, 순전한 기독교, 오직 예수, 절대 기도로 계속해서 나아가야 합니다.

우리가 살아오면서 부르짖었던 성경 한 구절, 고백 한 토막, 자주 부르던 찬송 한 소절이 우리의 인격이 되고 모토가 되어야 합니다. 그동안 얼마나 말씀 앞으로 다가갔으며, 그 말씀이 힘이 되고 피와 살이 되었습니까? 말씀은 살아 운동력이 있어서 우리에게 생명의 양식이 됩니다. 말씀을 먹고 살아온 사람은 그 말씀 때문에 삶의 굽이굽이를 넘어오고, 순간순간을 헤쳐 올 수 있었던 것입니다. 찬송과 말씀이 우리 가슴에 진동을 일으키기 때문입니다.

성경 한 절이 은혜가 되면 십 년 묵은 체증이 내려갑니다. 찬송 한 소절이 가슴에 물결치고 은혜가 밀려오면 우울증이 흔적도 없이 사라집니다. 가슴에 진동이 일어나고, 영혼과 세포 하나하나가 춤을 춥니다. 우리 모두가 말씀 때문에 울고, 말씀 때문에 웃고, 말씀 때문에 몸부림칠 수 있기를 간절히 바랍니다.

한 해를 시작하면서 가졌던 마음의 한 가지 소원, 마음의 비전이 무엇이었습니까? 첫사랑을 회복하고 여기까지 인도해 주신 에벤에셀 하나님, 지금도 살아 계신 임마누엘 하나님, 앞으로 무슨 일을 당해도 반드시 도와주시고 친히 예비해 주실 여호와 이레 하나님, 여호와 닛시 하나님을 고백하시기 바랍니다. 그 하나님을 고백하면 긴 세월을 줄기차게 헤쳐 온 우리를 하나님이 크게 격려해 주실 것입니다. 우리 성령 하나님이 남은 길도 온전히 붙들어 주시고 함께해 주실 줄 믿습니다.

김문훈 목사님의 해당 설교 영상을 볼 수 있습니다.

어찌 아끼지 아니하겠느냐

 "하물며 이 큰 성읍 니느웨에는 좌우를 분변하지 못하는 자가 십이만여 명이요 가축도 많이 있나니 내가 어찌 아끼지 아니하겠느냐 하시니라"(욘 4:11).

우리는 요나서를 통해 하나님의 본심과 그와 대조되는 요나의 심정을 살펴볼 수 있습니다. 요나서를 보면 '마음의 여행'이라는 문구가 생각납니다. 하나님은 큰 성읍 니느웨보다 요나라는 한 사람에게 관심을 집중하심으로 계속해서 그의 마음을 만져 가셨습니다. 하나님은 요나가 가지고 있는 마음의 흐름에 대해 계속해서 지적하셨습니다.

요나는 이스라엘을 망하게 한 적국 앗수르의 수도 니느웨에 가서 회개를 선포하라는 하나님의 명령에 기분이 나빴습니다. 마음속에 니느웨 백성들에 대한 악감정이 있었던 것입니다. 당연히 그러지 않았겠습니까? 결국 요나는 하나님의 말씀을 저버리고 반대 방향인 다시스로 도망을 갔습니다. 그런데 도망을 가는 길이 아주 형통하고 순적하게 열렸습니다. 여기서 환경이 순적하게 인도된다고 좋은 것이 아님을 알 수 있습니다. 그것이 오히려 저주가 되고, 영혼을 망가뜨리는 경우가 있을 수 있습니다.

하나님께 들통이 난 요나는 우여곡절 끝에 바다에 던져졌고 물고기 배 속에서 3일을 지냈습니다. 3일을 고민하고 사선을 넘나들면서 회개하고 변화를 받은 후 요나는 이렇게 고백했습니다. "내 영혼이 내 속에서 피곤할 때에 내가 여호와를 생각하였더니 내 기도가 주께 이르렀사오며 주의 성전에 미쳤나이다" (2:7).

우리는 피곤할 때 생각을 잘해야 합니다. 피로를 푸는 방법은 한 사람의 인격이요 수준이 됩니다. 이 시대는 만성피로의 시대입니다. 너무나 많은 사람들이 지치고 상해 있습니다. 그러나 요나는 피곤할 때 여호와를 생각했습니다. 마가렛 대처가 이야기했듯이 우리는 생각을 주의해야 합니다. 생각에서 말이 튀어 나오고, 말이 씨가 되고, 행동이 되고, 습관이 되고, 그때 성품으로 굳어지게 되는 것입니다. 결국 성품대로 인생이 결정나는 것입니다.

하나님은 요나의 마음의 흐름과 상태를 계속해서 만지셨습니다. 요나가 피곤할 때 여호와를 생각하자 요나의 기도가 주께 이르렀습니다. 모든 것은 마일리지입니다. 악을 쌓으면 언젠가 악한 방향으로 터지게 되어 있고, 선을 쌓으면 기도가 하늘에 사무치게 되는 법입니다. 요나의 기도가 쌓이고 쌓여서 주께 이르고 성전에 미친 것입니다. 그래서 요나가 쓰임을 받게 된 것입니다.

요나가 니느웨로 가서 하나님이 명령하신 사흘이 아니라 겨우 하루 동안 회개하라고 외치자 니느웨의 온 백성이 회개하고 구원을 받았습니다. 그러나 요나의 마음은 편하지가 않았습니다. 4장에는 박 넝쿨이 나타나 파라솔같이 그늘을 드려 주니 요나가 순간적으로 매우 행복해하는 장면이 나옵니다. 안타깝게도 요나는 소탐대실, 즉 사소한 데 목숨을 걸었습니다. 하나님이 벌레를 보내서 박 넝쿨을 씹어 버리게 하시자 요나는 자기를 죽여 달라며 하나님께 대들었습니다. 그때 하나님은 "네가 수고도 아니하였고 재배도 아니하였고 하룻밤에 났다가 하룻밤에 말라 버린 이 박 넝쿨을 아꼈거든 하물며 이 큰 성읍 니느웨에는 좌우를 분변하지 못하는 자가 십이만여 명이요 가축도 많이 있나니 내가 어찌 아끼지 아니하겠느냐"(10-11절)라고 말씀하셨습니다.

누구든지 회개하면 다 사랑해 주시는 것이 하나님의 마음입니다. 그 큰 사랑이야말로 하나님의 본심입니다. 그러나 요나의 심정은 달랐습니다. 니느웨 백성들은 악인이라며 옹졸하고 이기적이고 감정적으로 흘러갔습니다. 하나님은 그런 요나의 마음을 계속해서 만져 주셨습니다. 큰 도성 니느웨보다 요나 한 사람의 마음의 변화가 하나님께 큰 문제였기 때문입니다.

우리가 신앙생활을 할 때 마음 씀씀이를 어떻게 가지느냐가 중요합니다. 다윗이 성군이 된 것은 "내가 이새의 아들 다윗을 만나니 내 마음에 맞는 사람이라 내 뜻을 다 이루리라"(행 13:22)라는 말씀대로, 하나님과 뜻이 맞았기 때문입니다. 하나님은 하나님의 마음에 맞는 다윗을 축복의 통로로 사용해 뜻을 이루리라고 말씀하셨습니다. 하나님은 여호수아를 쓰시기 전에 마음을 강하고 담대히 하고, 좌로나 우로나 치우치지 말라고 하셨습니다. 마음의 균형을 먼저 이루고, 마음의 담대함을 기른 뒤 요단 강을 건너라고 지시하셨습니다. 마음이 중요한 것입니다.

마음이 건강한 사람은 병을 이깁니다. 마음이 약하면 병에 사로잡힙니다. 마음이 병든 사람은 백약이 소용없습니다. 오늘날 현대인들은 마음이 지나치게 여립니다. 상처를 받을 만반의 준비를 하고 있는 것 같습니다. 세상에서 쌓인 피로감을 어설프게 위로받으려고 하지 마십시오. 요나는 하나님의 명령과 반대 방향인 다시스로 가는데도 순적하다고 기뻐했지만 알고 보면 그것은 아무 소용없는 일이었습니다. 하나님은 니느웨의 12만여 명이나 되는 많은 생명들을 아끼는 것이 정상이냐, 박 이파리 하나를 애지중지하는 것이 정상이냐고 물으시며 정신을 차리라고 하셨습니다. 요나의 심보를 책망하신 것입니다. 계속해서 요나의 마음을 만지신 것입니다.

우리의 마음은 마음먹은 대로 되지 않습니다. 마음은 원이로되 육신이 약할 때가 많습니다. 그러니 우리의 마음과 생각을 고쳐먹고, 애지중지하는 것을 바꾸어야 합니다. 바뀐 세상처럼 성도들의 마음도 많이 바뀌었습니다. 박 이파리 하나에 소탐대실하기가 너무 쉬운 시대입니다. 혹시 그런 요나의 모습이 우스워 보이지는 않습니까? 하지만 그 모습은 우리가 살아가는 모습과 비슷합니다. 12만여 명의 생명을 모른 척하고 쓸데없는 것에 목숨 거는 모습과 닮지 않았습니까?

우리를 가장 기쁘게 하는 것이 무엇입니까? 마음 판이 좋아하는 기호를 바꿔야 합니다. 한국 교회 초창기 신앙인들처럼 새벽기도회에 와서 스트레스를 풀고 새 힘을 얻는가 하면 예배 시간에 목숨을 걸어야 합니다. 예배를 드리는 가운데 영이 풀리고, 독소가 빠지고, 성령 충만함을 받고, 충전을 받고, 새 힘을 얻어야 합니다. "예배에 목숨을 걸고 새벽기도 시간을 사수하자"라는 모토를 만들어 실천해야 합니다. 이것이 우리가 살 길입니다.

성도가 스트레스를 풀고 새 힘을 얻는 길은 달라야 합니다. 자칫 잘못했다가는 박 이파리 하나를 가지고 좋아했다가 그것 때문에 죽고 싶어질 수 있습니다. 하나님의 본심과는 전혀 무관한 것입니다. 로마서 12장 1절은 "그러므로 형제들아 내가 하나님의 모든 자비하심으로 너희를 권하노니 너희 몸을 하나님이 기뻐하시는 거룩한 산 제물로 드리라 이는 너희가 드릴 영적 예배니라"라고 말합니다. 우리는 마음을 늘 새롭게 해야 합니다.

요나가 니느웨에 가서 회개를 전하자 어떤 일이 벌어졌습니까? 악독한 도성이 짐승들까지 회개해서 구원받았습니다. 앗수르 족속은 역사상 가장 악독한 사람들이었습니다. 수는 적었으나 강압적인 식민정책을 폈기에 사람들은 앗수르 니느웨 도성에 사는 사람들을 다 미워했습니다. 상종하기조차 싫어했습니다. 그런 니느웨를 싫어하는 요나의 마음이 요나서에 매우 원색적이고 적나라하게 나타나 있습니다. 그러나 하나님은 그러한 요나를 끊임없이 변화시키심으로 하나님의 본심을 알게 하셨습니다. 어떤 악독한 나라라도 사랑하실 수밖에 없는 하나님의 무궁한 사랑을 가르쳐 주신 것입니다.

우리는 유치한 마음 판을 업그레이드하고 연단해서 말 한마디에 상처받지 않고, 섭섭한 것도 없고, 흐르는 강물처럼 담담해져야 합니다. 여기서 물이 좋은 이유 일곱 가지를 살펴보기 원합니다. 첫째, 무색무취하기 때문입니다. 우리는 사심이 없고 항상 해맑고 순수해야 합니다. 둘째, 물은 질리지 않습니다. 예배를 드릴수록 예배가 좋고 말씀이 좋아야 합니다. 셋째, 물은 모든 것의 원천이요 생명수입니다. 넷째, 물방울들이 모여 본류와 주류가 되기 때문입니다. 복의 근원, 흐름을 만들어 내기 때문입니다. 다섯째, 바다가 물이기 때문입니다. 바다는 무엇이든 받아들이는 수용성을 가지고 있습니다. 여섯째, 이스라엘 백성에게 축복은 다 물이었습니다. 축복이 샘솟듯 터져 나오면 누구도 막을 수 없습니다. 일곱째, 물길이 막혀 차곡차곡 쌓이면 반드시 흘러서 넘치기 마련입니다.

우리의 마음은 어떻게 흘러가고 있습니까? 무엇이든 하나님 앞에 엎드리게 하고 성경으로 돌아가게 하는 것이 가장 좋은 메시지요 찬양입니다. 죄를 지어 마음에 독이 쌓이고 피로감을 느낄 때 어설프게 스트레스를 풀려고 하지 말고 하나님 앞에 엎드려 회개함으로 마음의 독을 쏟아 내십시오. 몸이 피곤하니 예배에 가지 않고 쉬면서 회복하려는 것이 오늘날 신앙인들의 모습입니다. 관심과 취미가 과거와 매우 달라졌습니다.

마음이 삐뚤어지고 병들고 왜곡되면 결국 자기가 자기를 망가뜨리게 됩니다. 방향이 틀려집니다. 성경을 보세요. 허물 많은 베드로는 회개해서 수제자가 되었고, 좋은 자질을 가진 가롯 유다는 회개하지 않아 자살로 삶을 마감했습니다. 사울 왕은 기득권을 가지고 있었고 키가 한 자나 컸으며 이스라엘의 첫사랑이었지만 회개를 하지 않아 죽었고, 다윗은 많은 범죄를 저지르고 실수가 많았지만 회개했기 때문에 쓰임 받고 성군 다윗이 되었습니다.

하나님은 요나에게 회개를 요청하셨습니다. 언제까지 요나와 같이 작은 것에 목숨을 걸고 소탐대실할 것입니까? 유행 따라 세상에 발맞춰 살아가지 말고, 하나님의 본심에 내 마음을 맞추고, 하나님의 뜻에 내 뜻을 맞추십시오. 그때 내가 오래가고 내 집안이 잘됩니다. 그게 비결입니다.

모든 문제는 마음에서부터 일어납니다. 내공을 키우고 내면의 힘을 기르십시오. 마음의 알통을 키우십시오. 마음의 기호와 방향, 취미를 바꾸십시오. 엉뚱한 데 가서 위로받으려고 하지 말고 하나님 앞에 회개하세요. 회개는 잘못된 길임을 깨닫고 방향을 바꾸는 것입니다. 방향은 바꾸지 않고 엉뚱한 데 가서 위로받고 중독되면 인생이 망가집니다. 방향을 바꾸고 마음판을 뒤집어 생각하고 회개해야 우리가 살아가면서 주님의 뜻을 볼 수 있습니다.

니느웨가 먼저가 아니라 요나가 먼저입니다. 내면의 세계와 자기 자신을 하나님이 보시기에 아름답게 단장하는 우리가 되기를 바랍니다.

 김문훈 목사님의 해당 설교 영상을 볼 수 있습니다.

마음을 확정하라

"그들이 내 걸음을 막으려고 그물을 준비하였으니 내 영혼이 억울하도다 그들이 내 앞에 웅덩이를 팠으나 자기들이 그중에 빠졌도다 (셀라) 하나님이여 내 마음이 확정되었고 내 마음이 확정되었사오니 내가 노래하고 내가 찬송하리이다 내 영광아 깰지어다 비파야, 수금아, 깰지어다 내가 새벽을 깨우리로다"(시 57:6-8).

시편 57편은 다윗이 가장 어려운 상황에서 지은 시입니다. 시의 제목을 보면 "다윗이 사울을 피하여 굴에 있던 때에"라고 적혀 있습니다. 다윗이 10년 가까이 겪었던 힘든 도피 생활을 보여 주는 시입니다. 동굴에 숨어서 이 시를 지었을 때 다윗의 마음은 어떠했을까요?

사람은 계속해서 공격을 당하고 어려운 일을 겪게 되면 마음이 우울해지고 위축되기 쉽습니다. 그러나 다윗은 달랐습니다. 그는 놀랍게도 7절에서 "하나님이여 내 마음이 확정되었고 내 마음이 확정되었사오니"라고 노래했습니다. 말씀을 따라가는 사람은 상황이나 환경에 좌지우지되지 않습니다. 말씀이 인도하는 대로 따라가기 때문입니다. 하나님이 가라 하시면 가고, 오라 하시면 옵니다. 다윗은 마음 판을 새롭게 해 외부적인 공격이 올지라도 자기 마음을 함부로 쏟아버리지 않겠다고 마음을 다잡았습니다. 하나님이 합력해 선을 이루시는 분이고 자기를 붙드시는 분임을 믿었던 것입니다.

믿음의 사람은 다윗과 같은 삶을 살아야 합니다. 길을 가기 전에 내비게이션에 목적지를 설정해야 하듯, 기도하기 전에 말씀을 붙들고 나가야 하듯 다윗은 일을 하기 전에 마음을 확정하고 확정했습니다. 마음을 추스르며 나가자 그 입에서 찬송이 흘러나오고, 노래가 울려 퍼지고, 어둠의 세력을 깨뜨리며, 새벽을 깨울 수 있었습니다.

사람은 마음먹기 나름입니다. 모든 것이 마음 판에서 시작됩니다. 성경에는 마음에 대한 이야기가 많이 나옵니다. 이사야 41장 10절은 "두려워하지 말라 내가 너와 함께함이라 놀라지 말라 나는 네 하나님이 됨이라 내가 너를 굳세게 하리라 참으로 너를 도와주리라 참으로 나의 의로운 오른손으로 너를 붙들리라"라고 말합니다. 또 잠언 4장 23절은 "모든 지킬 만한 것 중에 더욱 네 마음을 지키라"라고 말합니다. 마음 판을 추스르지 않으면 역장이 무너지게 되어 있습니다.

하나님은 시대마다 사람을 쓰실 때 마음 판을 단단하게 하신 후 사명을 맡기셨습니다. 마음이 준비가 안 되면 감당할 수 없기 때문입니다. 요셉은 인생의 힘든 과정을 겪으면서도 외부적인 상황에 의해 마음에 충격을 받지 않았습니다. 다니엘도 이스라엘이 망하고 포로 처지였지만 고상한 뜻을 정해 마음을 지켰습니다.

다윗 역시 수많은 어려움을 겪었습니다. 들판에서 양을 칠 때 사자와 곰이 나타나면 돌멩이와 지팡이로 쫓아냈습니다. 우여곡절 끝에 골리앗을 이긴 뒤에는 승승장구한 적이 없습니다. 사울 왕의 시기심 때문에 10년 세월을 떠돌아다녔습니다. 심지어 적국인 블레셋 가드까지 도망갔다가 미친 사람 행세를 해 가까스로 살아 나오기도 했습니다. 그 후 아둘람 굴에서 원망하는 마음으로 적은 시가 57편인 것입니다.

기억하십시오. 다윗은 일을 하기 전에 자기 마음을 확정하고 확정했습니다. 우리는 대화를 나누기 전에 마음을 확정해야 합니다. 일을 하기 전에 마스터플랜을 가지고 나가야 합니다. 기도하기 전에 말씀을 붙들고 나가야 합니다. 마음을 추스르고 나갈 때 다윗처럼 입에서 찬송이 터져 나오고 새벽을 깨우게 되는 것입니다.

오늘날 많은 사람들이 마음에 상처를 받고 우울하게 살아갑니다. 마음을 지키기란 너무나 어려운 일입니다. 내 안에 내가 많고 오만상을 찡그릴 때는 내 마음을 나도 모릅니다. 우리는 수많은 마음 중에서 아버지의 마음, 예수님의 마음을 품어야 합니다. 모진 생각을 반복해서 하면 마음에 차곡차곡 쌓여 결국은 독이 되고 맙니다. 마음에 주름이 잡히지 않도록 마음을 잘 지키십시오. 순간이라도 방심하면 마귀가 틈을 탑니다.

성령께서 마음에 충만하게 역사하실 때는 헛된 마음이 사라집니다. 그러니 성령 충만을 받든지 세상에 중독되든지 둘 중에 하나입니다. 염려를 태산같이 하든지 아무것도 염려하지 않고 감사하든지 둘 중에 하나입니다. 마음에 독이 쌓이지 않도록 들숨과 날숨의 순환인 기도를 해야 합니다. 악한 것은 내뱉고 선한 것은 들이마셔야 합니다. 기도의 순환이 잘 이루어져야 합니다. 마음을 챙기고 입을 닫고 기도해 보십시오. 마음을 정결하고 거룩하게 단장함으로 주님을 찬송하며 살아가면 다윗처럼 절로 찬양하게 되어 있습니다. 다윗은 생명의 위협을 느끼는 상황에서도 오직 하나님만 바라보았습니다.

마음을 연주하십시오. 마음에 충격을 흡수하는 쿠션을 두십시오. 마음의 진폭을 넓히십시오. 마음은 천하를 담을 수도 있지만 한 사람을 담기에 부족할 수도 있습니다. 우리 눈이 열방을 바라볼 수도 있지만 한 사람이 보기 싫어 두 눈을 감아 버릴 수도 있습니다. 그럴 때면 눈을 열어 보게 해 주시고, 귀를 열어 듣게 해 주시고, 마음을 열어 깨닫고 감동받아 은혜 받게 해 달라고 기도해야 합니다.

우리 마음은 수련을 쌓을 때가 아니라 은혜를 받을 때 단단해지는 것입니다. 하나님의 섭리가 우리 마음을 만지면 압도당하게 됩니다. 하나님께 항복하면 행복하고, 지는 자가 이기는 것입니다. 마음이 변덕스러운 사람이 은혜를 체험하게 되면 마음이 한결같아지고 물처럼 단단해집니다. 물은 흐르다가 막힌 곳을 만나면 쌓입니다. 그러다가 이내 흘러넘칩니다. 성령의 감동을 받은 사람, 전신 갑주를 입은 사람은 세상에 쉽게 타협하지 않습니다.

우리는 마음의 근력을 키워야 합니다. 마음에도 근육이 있습니다. 하나님 앞에 쓰임 받은 믿음의 선조들을 보십시오. 그들은 마음을 연단함으로 근육을 키워 어떠한 공격에도 담담하고 평안할 수 있었습니다. 요셉은 하나님이 살아 계심에도 불구하고 말도 안 되는 수많은 어려움을 겪었습니다. 그러나 포기하지 않고, 자격지심에 빠지지 않고 주의 길을 묵묵히 걸어갔습니다. 하나님은 수많은 믿음의 종들의 마음을 밑바닥에서부터 붙드시고 연단하시고 추스르게 하셨습니다. 그리고 하나님의 때에 하나님의 방법으로 그들을 사용하셨습니다.

오늘날 많은 사람들이 쉽게 마음을 다치고 마음 둘 곳이 없어서 우울해합니다. 마음 밭에 잡초가 생기지 않도록 마음을 챙기십시오. 방심해서는 안 됩니다. 하나님 아버지와 주파수를 맞추어 영적으로 이심전심 되도록 마음을 지켜야 합니다. 그때 하나님이 다윗을 가리켜 "내 마음에 맞는 사람이라" 하고 말씀하신 것처럼 우리에게도 이야기해 주실 것입니다. 아무쪼록 마음을 지켜서 주님께 쓰임 받고 마음의 처소에 주님 한 분만 모시고 귀한 삶을 살아갈 수 있기를 기도합니다.

하나님의 형상 회복

"하나님이 땅의 짐승을 그 종류대로, 가축을 그 종류대로, 땅에 기는 모든 것을 그 종류대로 만드시니 하나님이 보시기에 좋았더라 하나님이 이르시되 우리의 형상을 따라, 우리의 모양대로 우리가 사람을 만들고 그들로 바다의 물고기와 하늘의 새와 가축과 온 땅과 땅에 기는 모든 것을 다스리게 하자 하시고 하나님이 자기 형상 곧 하나님의 형상대로 사람을 창조하시되 남자와 여자를 창조하시고 하나님이 그들에게 복을 주시며 하나님이 그들에게 이르시되 생육하고 번성하여 땅에 충만하라, 땅을 정복하라, 바다의 물고기와 하늘의 새와 땅에 움직이는 모든 생물을 다스리라 하시니라"(창 1:25-28).

모세는 다섯 권의 성경을 기록했습니다. 그중 한 권인 창세기는 모든 것의 기원에 대한 내용입니다. 그렇기 때문에 성경의 첫 번째 책인 창세기 1장만 잘 이해해도 신앙의 첫 단추를 잘 채우는 것이라고 할 수 있습니다. 창세기 1장 25-28절, 하나님이 천지 만물을 창조하시고 사람을 지으신 후 보기 좋다고 하신 말씀을 통해 네 가지를 이야기하려 합니다.

첫째, 하나님은 천지 만물을 지으시고 좋다고 말씀하셨습니다(25절). 우리는 하나님의 본심을 기억해야 합니다. 하나님의 본심은 오로지 자녀들이 잘되는 것입니다. 우리 아버지 하나님은 좋은 분이십니다. 그런데 왜 여러 가지 어려운 일들이 생기는 걸까요? 그 이유는 자식에게 문제가 있기 때문입니다. 선한 목자이신 하나님과 우리 사이에 삯꾼 목자가 끼어든 것입니다. 모든 것의 첫 단추는 나와 하나님의 관계입니다.

만약 매사를 부정적으로 보는 사람이 있다면 그는 하나님을 오해하고 있는 것입니다. 어려운 일이 생겼다고 해서 하나님이 우리를 미워하신다고 생각하지 마십시오. 더 좋은 것을 주시기 위함임을 기억해야 합니다. 하나님을 두려워하거나 멀리하지 마십시오. 누가복음 11장 11절은 "너희 중에 아버지 된 자로서 누가 아들이 생선을 달라 하는데 생선 대신에 뱀을 주며"라고 말하고, 13절은 "너희가 악할지라도 좋은 것을 자식에게 줄 줄 알거든 하물며 너희 하늘 아버지께서 구하는 자에게 성령을 주시지 않겠느냐"라고 말합니다. 하나님은 좋은 아버지이시며 선한 목자이십니다. 하나님을 제대로 알고, 하나님을 알리고, 하나님의 본심을 기억해야 합니다.

둘째, 하나님은 "우리의 형상을 따라 우리의 모양대로 우리가 사람을 만들고"(26절)라고 말씀하셨습니다. 하나님은 사람을 만드시되 하나님의 형상을 따라 하나님의 모양대로 복되게 만드셨습니다. 이 말은 우리 몸속에 축복의 DNA와 보석 덩어리를 감추어 놓으셨다는 뜻입니다. 복되고 덕스럽게 살도록 원판을 하나님을 닮은 모습으로 만들어 놓으신 것입니다. 우리는 원판, 즉 하나님의 형상을 회복해야 합니다. 하나님의 형상이란 의와 거룩과 진리입니다. 성도에게는 성도의 길이 있습니다.

성도를 일컫는 호칭에는 모두 네 가지가 있습니다. 먼저, 진리를 구하고 진리를 따라가는 구도자입니다. 우리는 편리가 아니라 진리를 따라야 합니다. 다음으로, 영과 진리로 예배드리며 살아가는 예배자입니다. 예배에 집중하고 예배에 목숨을 걸면 영혼이 잘됨같이 범사에 잘됩니다. 또한 어디를 가든지 복음을 전하는 전도자입니다. 교회가 존재하는 이유는 복음을 전파하기 위함이요 하나님이 성도에게 힘을 주시는 이유도 복음을 전파하기 위함입니다. 마지막으로, 돕는 자입니다. 하나님은 우리를 돕는 자로 만드셨습니다. 바라기 때문에 실망하고, 욕심을 내니 사고가 나는 것입니다. 주는 자가 복이 있고 섬기는 자가 큰 자입니다.

생각해 보면 우리 인생살이가 곁길로 가고 있습니다. 그것도 너무 멀리 가 있습니다. 순전한 기독교가 아니라 시끄러운 교회가 되고 있습니다. 이제 우리는 하나님이 원래 설계해 놓으신 원판대로 회복되어야 합니다. 아버지 품으로 돌아갈 때 안심입니다. 요한계시록 2장 5절에서 예수님은 "처음 행위를 가지라 만일 그리하지 아니하고 회개하지 아니하면 내가 네게 가서 네 촛대를 그 자리에서 옮기리라"라고 말씀하셨습니다. 마태복음 18장 3절에서는 "너희가 돌이켜 어린아이들과 같이 되지 아니하면 결단코 천국에 들어가지 못하리라"라고 말씀하셨습니다. 우리는 동심으로 돌아가 첫 꿈을 회복해야 합니다.

셋째, 하나님은 하나님의 형상대로 사람을 창조하시되 남자와 여자를 창조하셨습니다(27절). 우리는 서로 다름을 인정해야 합니다. 남자와 여자는 천양지차(天壤之差), 하늘과 땅 차이입니다. 화성에서 온 남자, 금성에서 온 여자라고 말합니다. 사랑과 전쟁, 갈등과 오해가 생기는 이유는 서로 다르기 때문입니다. 달라도 너무 다릅니다. 우리는 하나님이 전혀 다르게 만들어 놓으신 남편을 이해하고 아내를 배려해야 합니다. 천생연분은 없습니다. 세상에 나와 생각이 같고 입맛이 똑같은 사람은 한 사람도 없습니다. 하나님이 창조하신 모습이기에 이해하고 인정해야 합니다.

창세기 2장 18절에서 하나님은 여자를 만드실 때 돕는 배필로 만드셨습니다. 아내들이여, 남편을 도와주십시오. 남편은 아내를 더 연약한 그릇인 줄 알고 배려해 주고 이해해 주고 사려 깊게 챙겨 주십시오. 부부가 이혼하는 이유는 성격 차이 때문이라고 합니다. 그 벌어진 차이를 메워야 합니다. 약하니까 도와주고, 힘드니까 힘내라고 응원해 주어야 합니다.

어려운 일이 생겼다고 해서 하나님이 우리를 미워하신다고
생각하지 마십시오. 더 좋은 것을 주시기 위함임을 기억해야 합니다.
하나님을 두려워하거나 멀리하지 마십시오.
생각해 보면 우리 인생살이가 곁길로 가고 있습니다. 그것도 너무 멀리 가
있습니다. 순전한 기독교가 아니라 시끄러운 교회가 되고 있습니다.
이제 우리는 하나님이 원래 설계해 놓으신 원판대로 회복되어야 합니다.
아버지 품으로 돌아갈 때 안심입니다.

넷째, 28절은 "하나님이 그들에게 복을 주시며 하나님이 그들에게 이르시되 생육하고 번성하여 땅에 충만하라 … 모든 생물을 다스리라 하시니라"라고 말합니다. 하나님이 주신 문화명령입니다. 하나님이 명령을 주실 때는 복을 주시려는 것입니다. 문화 명령을 주신 것은 축복입니다. 명령에 순종하는 자가 복을 받습니다. 요한계시록 1장 3절은 "예언의 말씀을 읽는 자와 듣는 자와 그 가운데에 기록한 것을 지키는 자는 복이 있나니"라고 말합니다. 명령에 순종하면 쓰임 받고, 맡은 일에 충성하는 자가 복을 받습니다.

공부를 잘하는 사람은 기본 과목이 튼튼하고, 몸이 건강한 사람은 기초 체력이 재산입니다. 신앙이 좋은 사람은 신앙의 기초가 강합니다. 신앙의 기초란 말씀과 기도와 교제와 전도입니다.

은혜의 말씀 한 구절을 붙들면 삶의 기준이 달라집니다. 하나님 중심, 성경 중심의 삶이 됩니다. 우리는 말씀의 부자가 되어야 합니다. 기도의 자리를 확보하고 사수하는 사람은 복을 받습니다. 부르짖을 때 하늘 문이 열리고 성령 충만해집니다. 기도 외에는 하나님의 권능을 받을 길이 없습니다. 기도를 간 보듯이 찔끔찔끔 하지는 않습니까? 배부르게 기도해 보십시오. 기도에 깊이 들어갈 때 찬송이 터져 나올 것입니다. 기도하다 하늘 문이 열리고, 기도하다 하나님이 세밀한 음성을 주십니다. 오늘날에는 SNS가 발달될수록 소외감과 고독감이 더해진다고 합니다. 좋은 사람을 만나면 사귐을 통해 소통이 이루어지고, 나눌 때 축복을 받게 됩니다. 그러다 보면 기쁜 소식을 전파할 수밖에 없습니다. 관계 전도를 통해 복음이 흘러가는 것입니다.

하나님 아버지의 본심을 기억하십시오. 하나님의 형상과 첫사랑, 하나님이 만드신 원판을 기억하십시오. 동심의 세계로 돌아가고, 올챙이 시절로 돌아가고, 솔잎을 먹읍시다. 나와 전혀 달라 도무지 납득하기 어려운 사람이 있다면 이해하고 인정합시다. 그때 하나님이 우리 가정을 아름답게 만들어 가시고 교회를 부흥시켜 주십니다. 또한 하나님의 명령에 순종하는 사람이 쓰임 받습니다. 믿음으로 구원받고, 순종으로 쓰임 받고, 행함으로 축복 받고, 겸손으로 보존하고, 사랑으로 이기는 우리 모두가 되기를 소망합니다.

김문훈 목사님의 해당 설교 영상을 볼 수 있습니다.

소원의 항구

"그들이 평온함으로 말미암아 기뻐하는 중에 여호와께서 그들이 바라는 항구로 인도하시는도다 여호와의 인자하심과 인생에게 행하신 기적으로 말미암아 그를 찬송할지로다"(시 107:30-31).

시편 107편의 흐름을 잘 보면 대반전이 숨어 있습니다. 23절에 "배들을 바다에 띄우며 큰 물에서 일을 하는 자"가 나옵니다. 우리 인생은 항해와 같습니다. 변화무쌍한 현실 가운데 우리는 하루하루를 살아갑니다. 크고 깊은 바다 위에 배를 띄워 놓으면 얼마나 불안합니까? 25-26절 말씀처럼 광풍이 일면 배가 하늘로 솟구쳤다가 깊은 곳으로 내려갑니다. 엄청난 위험으로 인해 영혼이 녹아내리고 혼돈에 빠지게 됩니다.

그러나 놀랍게도 시편 기자는 이어지는 24절에서 "여호와께서 행하신 일들과 그의 기이한 일들을 깊은 바다에서 보나니"

라고 하며 시각의 차이를 보여 줍니다. 28절에 의하면 그는 고통 때문에 방탕하게 살거나 사람을 찾지 않고 여호와께 부르짖었습니다. 그러자 하나님이 그를 고통에서 인도해 내셨습니다. 30절은 평온함으로 하나님이 소원의 항구로 인도해 주신다고 말합니다. 그리고 31절에서 시편 기자는 여호와 하나님을 찬송합니다. "여호와의 인자하심과 인생에게 행하신 기적으로 말미암아 그를 찬송할지로다."

그는 험한 바다라는 동일한 상황에서 부정적인 것을 경험한 것이 아니라 하나님을 기이하신 분으로, 좋으신 하나님으로 본 것입니다. 하나님이 행하시는 기이한 복을 받고, 하나님의 인자하심을 맛보고, 인생에서 기적을 맛본 것입니다. 인생을 향한 하나님의 축복을 맛본 것입니다. 그 비결이 무엇일까요?

하나님은 복을 주시기 전에 마음에 평강을 주십니다. 바다가 잔잔하고 평온함으로 말미암아 소원의 항구로 데려다 주는 것입니다. 시편 1편 1절은 "복 있는 사람은 악인들의 꾀를 따르지 아니하며 죄인들의 길에 서지 아니하며 오만한 자들의 자리에 앉지 아니하고"라고 말합니다. 반면 "악인들은 그렇지 아니함이여 오직 바람에 나는 겨와 같도다"(4절), 즉 악인들은 혼란스러움으로 평온함이 없다고 말합니다. 사람이 마음이 잔잔하면 큰일이 터져도 견뎌 낼 수 있습니다. 작은 일이라도 자중지란

(自中之亂)이 일어나면 감당이 되지 않습니다. 악인은 마음에 평정심을 잃고 자중지란을 일으켜 제풀에 무너지고 맙니다.

우리는 무슨 일을 하든지, 누구를 만나든지, 어디를 가든지 우리의 시각을 교정해 믿음으로 온전하신 주를 바라보아야 합니다. 시편 기자처럼 부정적인 것은 꿈도 꾸지 말고, 입에 담지도 말고, 마음에 품지도 말아야 합니다. 실력 중에 실력은 마음 지킴입니다. 마음과 말씨를 잘 관리하는 것은 대단히 중요합니다. 관점의 차이, 시각의 차이인 것입니다. 힘들고 외롭다고 세상 풍조를 따라가지 마십시오. 그런 때일수록 하나님께 엎드리고 하나님 품으로 파고들어 문제를 문제 삼지 말고 기도 제목으로 삼아 버려야 합니다. 그러면 쓴 물이 단물이 되고 근심거리가 간증거리가 됩니다.

우리는 마음의 평정심을 유지하며 평강을 깨뜨리지 않도록 조심해야 합니다. 여기서 평강이란 단순히 마음을 단련함으로 얻은 긍정적이고 낭만적인 사고방식을 의미하지 않습니다. 그런 평강은 한마디 말에도 쉽게 무너집니다. 여기서 말하는 평강은 오직 주님만 의지할 때 주어지는 것입니다. 시편 기자는 하나님을 좋으신 하나님, 평온함을 주시는 분 등 긍정적으로 설명했습니다. 이와 같이 믿음에 기초해 하나님만이 주실 수 있는 것을 평강이라고 말합니다. 하나님이 주신 평강을 소유한 사람은 요동하지 않으며 긍정적인 사고를 갖습니다. 그것이 바로 믿음입니다. 평강의 복을 받는 것이 최고의 컨디션입니다.

하나님은 축복을 주시기 전에 평강을 주시고, 그다음에 바라는 항구로 인도하십니다. 바라는 것이란 무엇입니까? 빌립보서 2장 13절은 "너희 안에서 행하시는 이는 하나님이시니 자기의 기쁘신 뜻을 위하여 너희에게 소원을 두고 행하게 하시나니"라고 말합니다. 우리의 한 가지 소원이 무엇입니까? 우리 안에서 행하시는 하나님이 우리에게 소원을 두시고 바라는 항구로 직접 인도해 주십니다.

시편 기자는 고통으로 인해 사람을 찾기보다 하나님 앞에 엎드리고 하나님을 찾았습니다. 그러자 하나님이 그를 고통에서 인도해 내셨습니다. 인생 항해 길에서 순적한 사람이 누가 있겠습니까? 순풍이 아니라 돌풍, 삭풍, 광풍이 불어오는 것이 인생입니다. 큰 물에서 삭풍과 태풍을 만날 것만 같았는데 시편 기자는 그 가운데서 하나님의 행하심을 보고, 여호와의 인자하심을 맛보고, 평온함을 느끼고, 하나님의 기이한 복을 받았습니다. 한마디로 희한하신 하나님을 만났습니다. 그는 어려운 상황 가운데서도 좋으신 하나님만 바라보았습니다. 시각이 좋고, 자세가 좋았습니다. 사건보다 해석이 좋았습니다.

우리는 똑같은 세월을 살아가면서 눈엣가시 같은 존재로 남겨져서는 안 될 것입니다. 마귀가 틈타지 못하도록 마음을 지키십시오. 머리에 악성 바이러스가 침투하지 않게 해야 합니다. 입술에 쓴 물을 흘려서는 안 됩니다. 마음에 쓴 뿌리가 생기지 않도록 주의하십시오. 평안하고 차분하면 하나님이 소원을 주시고, 소원의 항구로 이끄시고, 꿈꾼 대로, 믿음대로 인도해 주십니다. 만약 꿈이 없다면 꿈을 꾸고, 소원이 없다면 소원을 만드십시오.

하나님이 주시는 최고의 선물은 평강의 복입니다. 큰 물에서 광풍을 만나도 그 고통을 기도 제목 삼아 부르짖으니 하나님이 고통에서 건져 주시고, 평온한 마음을 주시고, 소원의 항구로 인도해 주시는 것입니다. 고통을 당하면 쓸데없는 소원이나 헛된 마음을 버리게 됩니다. 즉 소원이 다이어트가 됩니다. 성령께서 임하시면 마음에 평안함이 깃들고, 31절처럼 입술에서 찬양이 나오고 소원대로 되는 것입니다.

마음에는 평안함을, 삶 속에는 생기를, 입술에는 찬양을 담으십시오. 그러면 평온한 가운데 기뻐할 때 하나님이 소원의 항구로 인도해 주실 것입니다. 하나님의 부르심, 시대의 요청, 가정의 필요, 내면의 절규, 교회의 필요가 마음속에 나타날 때 다윗과 엘리야처럼 하나님의 마음을 시원하게 해 드릴 수 있습니다.

우리는 '3비'를 하지 말아야 합니다. '비'교하지 말고, '비'판하지 말고, '비'만에 빠지지 말아야 합니다. 불평을 내면에 담는 순간 증폭이 이루어집니다. 그러므로 머리에 악성 바이러스가 틈이 타지 않게 하고, 입술에 쓴 물을 흘리지 말고, 마음에 쓴 뿌리가 생기지 않도록 주의하십시오. 어디를 가더라도 사랑받고 존경받는 사람이 되기를 바랍니다. 평강을 유지하는 최상의 컨디션을 소유하십시오. 평온을 깨뜨리지 마십시오. 그리하여 어디를 가든 복 있는 사람, 쓰임 받는 사람이 되기를 바랍니다.

절반의 축복

사람에게 중요한 것은 세 가지입니다. 관심, 선택, 그리고 열정입니다. 어떤 분야에 관심을 갖고 있느냐가 중요합니다. 신령한 젖을 사모하고, 하나님께 사랑받기를 좋아하는 일에 관심을 두어야 합니다. 그것을 냉정하게 판단하고 선택할 수 있어야 합니다. 선택했으면 끝까지 밀고 나가야 합니다. 그것이 열정입니다. 우리의 마음을 아버지의 마음으로 업그레이드해야 합니다. 우리 마음을 주님 닮은 정원으로 만들어 갑시다. 기다려 주는 사랑, 품어 주는 사랑, 엄청난 용서와 관용과 배려를 가진 아버지의 마음을 가집시다. 그 마음을 가지고 아버지의 마음을 알아 드리고 시원하게 해 드립시다. 우리 속에 있는 탕자의 기질을 숙성시키고, 절제하고 온유해질 때 우리의 마음이 업그레이드되어 아버지의 마음을 닮아 가게 될 것입니다. 아버지의 마음이 하늘에 계신 아버지의 마음임을 깨닫고 틀림이 없고 한결같은 그분의 마음을 품고 승리하시기를 소망합니다.

3부

본심 중심

놓치지 않는 자에게 은혜가 있습니다

신앙의 꼭짓점

"욥이 그의 친구들을 위하여 기도할 때 여호와께서 욥의 곤경을 돌이키시고 여호와께서 욥에게 이전 모든 소유보다 갑절이나 주신지라 이에 그의 모든 형제와 자매와 이전에 알던 이들이 다 와서 그의 집에서 그와 함께 음식을 먹고 여호와께서 그에게 내리신 모든 재앙에 관하여 그를 위하여 슬퍼하며 위로하고 각각 케쉬타 하나씩과 금 고리 하나씩을 주었더라 여호와께서 욥의 말년에 욥에게 처음보다 더 복을 주시니 그가 양 만 사천과 낙타 육천과 소 천 겨리와 암나귀 천을 두었고 또 아들 일곱과 딸 셋을 두었으며 그가 첫째 딸은 여미마라 이름하였고 둘째 딸은 굿시아라 이름하였고 셋째 딸은 게렌합북이라 이름하였으니 모든 땅에서 욥의 딸들처럼 아리따운 여자가 없었더라 그들의 아버지가 그들에게 그들의 오라비들처럼 기업을 주었더라 그 후에 욥이 백사십 년을 살며 아들과 손자 사 대를 보았고 욥이 늙어 나이가 차서 죽었더라"(욥 42:10-17).

성경, 특히 욥기를 보면 위대한 신앙의 사람들은 한결같이 인내한 사람이었음을 깨닫게 됩니다. 욥은 하나님이 그의 말년에 복을 주셨습니다. 욥기 1장을 보면 욥이 어떤 사람인지에 대해서 알 수 있습니다. 욥은 마음이 온전한 사람, 하나님 앞에 깨끗하고 정직한 사람, 악에서 멀어진 사람이었습니다. 세상에 없는 사람, 시대에 보기 드문 사람이었습니다. 욥은 10남매의 복을 받았고, 돈과 소유가 많았으며, 동방에서 가장 훌륭한 사람으로 평가받았습니다.

여기에서 주목할 만한 사실은 욥의 물질이나 자녀 등 조건이 나중에 나오고 그의 마음이 먼저 나온다는 점입니다. 하나님은 욥이 가진 조건보다 하나님 앞에 선 그의 마음을 좋아하셨던 것입니다. 마음이 중요한 것입니다.

욥은 하루아침에 자녀를 다 잃고 집안에 평지풍파가 일어났지만 "주신 이도 여호와시요 거두신 이도 여호와시오니"(1:21)라고 고백했습니다. 이것은 결코 쉬운 고백이 아닙니다. 성경을 보십시오. 고난과 풍파가 욥기 1장부터 42장까지 이어졌습니다. 그 정도 고난이면 일찌감치 인생에 사표를 던졌을 법도 한데, 욥은 달랐습니다. 되든 안 되든, 좋든 나쁘든 습관과 컨디션을 잘 유지한 것입니다.

특히 어려움을 당하고 돈을 잃고 몸이 상하는 것보다 더 힘든 일은 사람들로부터 비난을 받는 것입니다. 비난은 고난당하는 사람의 억장을 무너지게 합니다. 욥은 그런 친구들을 일일이 상대하기보다 그들을 축복하고 기도하고 중보했습니다. 그때 하나님이 욥의 곤경을 돌이키시고 이전 소유보다 갑절이나 복을 주셨습니다.

성경 위인들의 인생을 보면 하나님이 한 번에 복을 쏟아부으신 후 나머지 인생 50년을 밀어붙이신 적이 없고, 한 번 벌을 크게 주셔서 인생이 낭패를 보게 하신 일도 없습니다. 긴 세월 고비마다 넘어가면서 일마다 때마다 도와주시는 하나님을 만나고, 신앙을 체험하고, 간증을 남긴 사람이야말로 성공한 사람입니다.

잘 알다시피 요셉은 하루아침에 복 받은 사람이 아닙니다. 그는 서른 살이 될 때까지 되는 일이 없었습니다. 그럼에도 불구하고 성경은 "요셉은 용모가 빼어나고 아름다웠더라"(창 39:6)라고 기록하고 있습니다. 그 비결은 모진 세월, 고비마다 스트레스 없이 살았기 때문입니다.

한나도 한 번에 은혜 받은 것이 아닙니다. 그녀에게는 자식이 없었습니다. 첩 브닌나는 자식을 낳아 한나를 격분하게 하며 괴롭혔습니다. 그때 한나는 여호와께 통곡하며 오래 기도했고, 성경은 "가서 먹고 얼굴에 다시는 근심 빛이 없더라"(삼상 1:18)라고 기록하고 있습니다. 얼굴에 수색이 사라지고 화색이 돈 진짜 이유가 뭘까요? 하나님이 오랜 기도의 응답으로 아들을 주셨기 때문이 아닙니다. 하나님이 한나의 마음을 만지셨기 때문입니다. 하나님은 한나를 생각하셔서 혼란한 사사 시대를 끝내고 사울과 성군 다윗에게 기름 부어 왕통을 열어 가는 사무엘이 태어나게 하셨습니다.

모세도 이스라엘 백성들이 민족적으로 기도할 때 하나님이 그들의 기도에 응답하사 한 집안에 태어나게 하신 아이였습니다. 태어난 지 3개월 만에 나일 강에 버려지고, 애굽 왕실에 살다 사람을 죽이고, 40년 동안 미디안 광야에 도피해 있다가 희망이 없는 80세 노인이 되었을 때 하나님의 부르심을 받았습니다. 그리고 120세가 될 때까지 눈이 흐리지 않고 기력이 쇠하지 않게 쓰임 받았습니다. 80세부터 120세까지 쓰임 받은 사람이 모세입니다.

예수님의 설교를 3년간 주야장천 듣고 동행하며 안수를 받았던 베드로는 예수님을 부인하고 저주하고 도망갔습니다. 하지만 예수님은 포기하지 않고 또 나타나셔서 허물 많은 베드로에게 "내 양을 먹이라"라고 당부하셨습니다.

아브라함은 100세에 아들을 낳고 하나님이 모리아 산에서 그 아들 이삭을 바치라 하셨을 때 순전한 믿음으로 하나님께 바치고 그 믿음을 인정받았습니다. 엘리야는 갈멜 산에 엎드려서 기도하다 불이 떨어져 응답 받았고, 인간 사기꾼 야곱은 얍복 강에서 하나님의 사자와 씨름하다 하나님의 음성을 듣고 회복되었습니다.

모리아 산, 갈멜 산, 얍복 강, 다메섹 도상. 성경에 등장하는 믿음의 사람들은 오랜 세월 이와 같은 인생의 꼭짓점을 만날 때마다 한결같이 하나님을 만나고 자기만의 노래와 간증을 남겼습니다.

인생을 살다 보면 별일이 다 일어납니다. 신앙의 선배들도 다 그러한 삶을 살았습니다. 순적하고 만사형통하게 산 사람은 아무도 없습니다. 그러니 나만 힘든 것이 아닙니다. 기도 제목이 없는 집안이나 교회, 공동체, 직장은 존재하지 않습니다. 완벽한 것은 없습니다. 그러나 기억하십시오. 모세는 인생의 후반전에 멋지게 쓰임 받았습니다. 룻기 3장 10절은 "네가 베푼 인애가 처음보다 나중이 더하도다"라고 말합니다.

모세의 길이 다르고, 요셉의 길이 다르고, 룻의 길이 다르지만 분명한 것은 온갖 어려움이 있을 때마다 하나님 앞에 엎드리게 되고, 기도하게 되고, 회개하게 된다는 것입니다. 그것이 중요한 거예요. 일마다 때마다 역사의 꼭짓점을 지나갈 때마다 주님 앞에 남다른 고백과 노래가 생겨나고 나만의 하나님을 남기게 된다는 것입니다.

하나님은 우리가 어떤 상황에 떨어질지라도 문제를 해결하게 해 주시고, 환난에서 벗어나게 해 주시며, 시험을 통과하게 해 주십니다. 고비를 통과해서 인생의 꼭짓점을 찍고, 또 찍고 돌아갈 때마다 믿음의 사람들이 인내하고 통과했듯이 오랜 세월 살아가면서 결코 두려워하지 말고 포기하지 마시기 바랍니다. 인격의 한계점까지, 버틸 수 있는 지점까지 버티십시오. 에스더는 "죽으면 죽으리이다"(에 4:16)라는 일사각오로 민족적 고비를 넘겼습니다.

하나님은 욥에게 물질과 자녀의 복이 아니라 무엇보다 마음을 붙들어 주시는 복을 주셨습니다. 하나님은 우리의 마음과 생각을 붙드십니다. 마음이 병들면 죽음에 이르는 병이 되고, 마음에 문제가 생기면 회복이 안 됩니다. 온전한 사람, 정직한 사람, 하나님이 기뻐하시는 마음 밭을 가진 사람, 마음에 여유가 있는 사람은 어떤 불같은 시험에서도 벗어납니다.

믿음의 선배들은 오랜 세월 인내하면서 "주신 이도 여호와시요"라고 고백했습니다. 우리 같으면 모세 초반에, 욥의 초반에, 룻의 초반에 버티지 못하고 인생에 사표 냈을 것 같은데 그들은 달랐습니다. 어려운 일이 생기면 가슴앓이를 하게 되지만 모든 것은 지나가게 되어 있습니다. 그렇지 않습니까? 세월이 지나고 보면 하나님이 사랑하는 자에게 합력하여 선을 이루셨음을 깨닫게 됩니다. 서럽고 분하고 가난한 시절도 지나가면 그때 하나님이 우리를 만지시고 우리 마음을 탄탄하게 추슬러 주셨음을 깨닫게 됩니다. 세월이 지나면 그 일로 찬송이 나오고 웬

만한 일을 만나도 평정심을 유지할 수 있습니다.

그러므로 어떤 꼭짓점을 지나든지 인생의 고비를 지날 때마다 "주여, 이 시험도 통과하게 해 주시옵소서" 하고 기도하세요. 하나님은 기도하는 자, 구하는 자, 은혜의 보좌 앞에 나아가는 종들을 붙드시고 그들을 통해 구원 역사를 펼치십니다. 우리의 가정과 일터를 붙들고 승리의 개가를 부름으로 하나님 앞에 아름다운 간증거리를 남길 수 있기를 바랍니다.

자라게 하시는 하나님

"형제들아 내가 신령한 자들을 대함과 같이 너희에
게 말할 수 없어서 육신에 속한 자 곧 그리스도 안에
서 어린아이들을 대함과 같이 하노라 내가 너희를 젖
으로 먹이고 밥으로 아니하였노니 이는 너희가 감당
하지 못하였음이거니와 지금도 못하리라 너희는 아
직도 육신에 속한 자로다 너희 가운데 시기와 분쟁
이 있으니 어찌 육신에 속하여 사람을 따라 행함이
아니리요 어떤 이는 말하되 나는 바울에게라 하고 다
른 이는 나는 아볼로에게라 하니 너희가 육의 사람이
아니리요 그런즉 아볼로는 무엇이며 바울은 무엇이
냐 그들은 주께서 각각 주신 대로 너희로 하여금 믿
게 한 사역자들이니라 나는 심었고 아볼로는 물을 주
었으되 오직 하나님께서 자라나게 하셨나니 그런즉
심는 이나 물 주는 이는 아무것도 아니로되 오직 자
라게 하시는 이는 하나님뿐이니라 심는 이와 물 주는
이는 한가지이나 각각 자기가 일한 대로 자기의 상을
받으리라 우리는 하나님의 동역자들이요 너희는 하
나님의 밭이요 하나님의 집이니라"(고전 3:1-9).

고린도전서 3장에는 사도 바울이 고린도교회 성도들을 책망하
는 내용이 나옵니다. 언제까지 어린아이같이 젖을 먹고, 시기
와 분쟁을 하며, 육신에 속해 사람을 따라 움직이고, 쓰면 뱉고
달면 삼킬 것이냐고 책망합니다. 그러면서 "나는 심고 아볼로
는 물을 주는 동역자일 뿐 모든 것을 자라게 하시는 분은 오직
하나님뿐이시다"라고 말합니다.

아기는 태어나면 자라게 되어 있고 나무를 심어 놓으면 반드시 성장하게 되어 있습니다. 예수님도 이 땅에 오셔서 지혜와 키가 자라 가며 하나님과 사람에게 더욱 사랑스러워 가셨습니다(눅 2:52). 만약 아기가 자라지 않는다면 병에 걸렸거나 문제가 생긴 것입니다. 그렇듯이 우리 인생에도 죄악이 들어오면 우리가 하나님의 사랑을 받은 자녀가 되지 못합니다. 죄악이 하나님과 우리 사이를 갈라놓아 성장을 방해하기 때문입니다. 우리의 믿음은 반드시 자라야 합니다. 믿음이 성장하지 않고, 마음과 내면이 자라지 않고 있다면 영적인 병에 걸렸다고 봐야 합니다.

하나님의 본심은 재앙이 아니라 평안입니다(렘 29:11). 요한복음 10장 10절에서 예수님은 "내가 온 것은 양으로 생명을 얻게 하고 더 풍성히 얻게 하려는 것이라"라고 말씀하셨습니다. 풍성히 얻게 하려는 것이 주님의 본심입니다. 겨울 동안 죽은 것과 방불했던 시커먼 나뭇가지라 할지라도 봄이면 파란 순이 돋아나고 만물이 약동합니다. 얼음이 두껍게 언 저수지 아래 납작 엎드렸던 개구리도 경칩이 되면 깨어납니다. 웅크리고 있던 곰도 동면을 깨고 움직입니다. 우리의 신앙도 마찬가지로 반드시 자라야 합니다. 신앙이 자라지 않는 것은 한마디로 비극입니다. 인생의 비극 중 하나는 사람이 변화되지 않는 것입니다. 만약에 주님을 만난 뒤 변화가 없다면 주님과 진정한 인격적인 만남을 가지지 못한 것이라고 봐야 합니다. 변화되지 않으면 변질됩니다.

우리의 신앙생활은 늘 기도를 통해 하나님 앞에서 회개하고, 회개의 합당한 열매를 나타내야 합니다. 예수님의 은혜를 받고 감동을 받으면 사람이 바뀌게 되어 있습니다. 성품이 바뀌고, 관계와 스타일이 변화되어 자라게 되어 있습니다.

또한 자란다는 것은 삶의 방향과 속도, 관계가 변화되는 것을 말합니다. 삶의 방향이란 누구를 향하느냐입니다. 시편 92편 12절은 "의인은 종려나무같이 번성하며 레바논의 백향목같이 성장하리로다"라고 말합니다. 종려나무는 꼿꼿하게 수백 년을 자라는 나무요 백향목은 소나무처럼 반듯하게 솟아오르고 사방팔방으로 가지가 공평하게 자라는 나무입니다. 마치 의인의 성품과도 같지 않습니까? 하늘로 쭉 뻗은 두 나무는 삶의 방향이 하나님을 향하고, 하나님과의 관계가 반듯한 의인을 비유합니다. 우리의 신앙도 종려나무와 백향목처럼 주님을 향해 곧게 자라 가야 합니다.

에베소서 3장 19절은 "그 너비와 길이와 높이와 깊이가 어떠함을 깨달아 하나님의 모든 충만하신 것으로 너희에게 충만하게 하시기를 구하노라"라고 말합니다. 내면의 세계가 성숙한 사람은 너비와 길이와 높이와 깊이가 다릅니다. 우리의 신앙이 자라나 통이 큰 사람이 되고 여유만만한 사람이 되어야 합니다.

우리는 인생을 잘 살 수 있다고 호언장담합니다. 그런데 누구나 잘 알듯이, 건강이든 소유든 일장춘몽에 불과합니다. 메뚜기 한철에 불과한 것입니다. 사람이 애쓰는 것에는 한계가 있습니다. 모든 것을 결정하시고 자라게 하시는 분은 하나님이십니다. 하나님의 본심은 부흥과 성장이요 하나님은 우리에게 복 주기를 원하십니다. 하나님은 우리의 믿음과 신앙이 자라기를 원하십니다. 만약 성장이 안 되면 성숙이라도 해야지요. 내면의 세계가 반드시 자라야 합니다. 기도의 세계로 깊이 나아가야 합니다. 기도하는 순간 내가 일하는 것이 아니라 하나님이 일하시기 때문입니다. 우리는 신앙이 자라고 있는지 스스로를 늘 돌아봐야 합니다.

예수님을 만나고 말씀을 들으면 반드시 변화하게 되어 있습니다. 신앙에도 유년기와 사춘기, 장년기로 들어서는 믿음의 과정이 있습니다. 독버섯은 가만두어도 저절로 자라지만 유용한 소나무는 살아서 천 년, 죽어서 천 년 동안 쓰임을 받습니다. 이처럼 쓸데없는 것은 가만히 두어도 자라지만 믿음과 속사람이 자라는 데는 상당한 시간과 과정이 필요한 것입니다.

사도행전 4장을 보면 베드로와 요한이 성장한 모습을 볼 수 있습니다. 베드로는 한때 계집아이 앞에서 예수님을 부인하고 저주했으며 실수투성이인 사람이었지만 신앙의 유년기와 사춘기를 거치며 성장했습니다. 이후 어떻게 변화되었습니까? 한 번의 설교로 5천 명을 변화시키는 달변가가 되었고, 지도자들의 경고에 "하나님 앞에서 너희의 말을 듣는 것이 하나님의 말씀을 듣는 것보다 옳은가 판단하라"(19절)라고 외칠 정도로 담대한 예수님의 수제자가 되었습니다. 요한도 마찬가지입니다. 그는 예수님을 만난 후 사랑받는 제자가 되었고, 성경을 다섯 권이나 기록했으며, 나중에 십자가에 못 박히신 예수님이 모친을 부탁하실 정도로 인정받는 제자가 되었습니다.

아기가 자랄 때 반드시 성장통이 있는 것처럼 믿음이 자라는 데도 성장통이 있습니다. 시험을 통해서 고비를 넘어가고, 그 다음 단계의 믿음으로 올라서는 것입니다. 아플 때 철이 들고, 바쁠 때 진도가 더 나가고, 힘 줄 때 힘줄이 발달하는 것입니다. 세상에 공짜는 없습니다. 고난을 통해서 믿음이 자라고 단단해지는 법입니다.

이것이 성경에서 발견한 '여김의 법칙' 가운데 첫 번째입니다. "내 형제들아 너희가 여러 가지 시험을 당하거든 온전히 기쁘게 여기라"(약 1:2)라는 말씀을 기억하십시오. 고난 없는 축복 없고,

고통 없는 성숙 없고, 고독 없는 하나님의 임재는 없습니다.

여김의 법칙 두 번째는 고린도전서 4장 1절 "사람이 마땅히 우리를 그리스도의 일꾼이요 하나님의 비밀을 맡은 자로 여길지어다"라는 말씀에 나옵니다. 사람은 자질이 있든 없든 하나님의 일꾼으로, 하나님의 동역자로 만들어졌습니다. 직분이 사람을 만드는 법입니다. 그러므로 준비가 되었든 되지 않았든 마땅히 자신을 하나님의 일꾼으로 여겨야 합니다. 선한 직분을 사모하고, 그 직분에 부담을 느끼고, 감당하기 위해 엎드려 기도하고, 기도를 통해 겸손해지면 하나님이 새 힘을 주십니다.

세 번째 여김의 법칙은 빌립보서 2장 3절 "오직 겸손한 마음으로 각각 자기보다 남을 낫게 여기고"라는 말씀에서 찾아볼 수 있습니다. 인간은 누구나 자기중심적이고 이기적으로 살아갑니다. 그런 우리가 누군가를 칭찬하고 존경한다고 생각해 보십시오. 그러면 모든 것이 부메랑이 되어 돌아오기 마련입니다. 사랑하는 자가 사랑받게 되어 있습니다. 나보다 남을 낫게 여기는 법칙은 우리의 삶을 풍성하게 해 줍니다.

데살로니가전서 1장에서 바울은 데살로니가 교인들의 믿음이 성장한 요인을 세 가지로 이야기합니다. 믿음의 역사, 소망의 인내, 사랑의 수고입니다. 믿음이 큰 사람이 역사를 만들어갑니다. 소망이 있는 사람은 인내합니다. 우리가 조급한 이유는 마음에 소망이 없기 때문이지요. 주님 오시는 그날까지 하나님을 믿으며 시험은 감당하고, 환난은 견뎌 내고, 고비는 넘어가고, 문제는 해결하며 나아가야 합니다. 사랑은 주는 것이고 희생하는 것입니다. 사랑에도 너비와 높이, 깊이와 길이가 있습니다. 천박한 사랑이나 변질된 사랑도 있지만 성경이 말하는 아버지 하나님의 사랑은 끝이 없고 중단이 없습니다. 중요한 것은 우리의 믿음과 소망, 사랑이 함께 자라 가야 한다는 것입니다.

우리의 믿음은 어떻습니까? 사람을 의지하고, 사람을 자랑하고, 사람 때문에 상처받고, 사람 편을 가르고, 시기와 분쟁을 일으킨 고린도교회 성도들처럼 행하고 있지는 않나요? 이제 믿음을 키우십시오. 사랑을 넓히고, 내면의 세계와 속사람을 숙성시키십시오. 그래서 믿음의 장성한 분량이 충만한 데까지 이르는 성숙한 믿음의 사람들이 되기를 당부합니다.

쓰임 받은 느헤미야

"또 정한 기한에 나무와 처음 익은 것을 드리게 하였
사오니 내 하나님이여 나를 기억하사 복을 주옵소
서"(느 13:31).

사람을 볼 때 쓰임 받는 사람, 시대가 필요로 하는 인물이 있습
니다. 느헤미야서는 구약의 인물 느헤미야가 그 시대에 어떻게
탁월하게 쓰임 받았는지에 대해 기록하고 있습니다. 느헤미야
는 여러 가지 면에서 우리의 롤 모델이 되는 인물입니다. 기독
교 교육은 가르치는 것이 아니라 바라보는 것이기 때문에 좋은
믿음의 선배가 중요합니다. 그런 점에서 우리는 느헤미야가 어
떤 사람인지를 살펴보아야 합니다.

느헤미야는 폐허가 된 예루살렘 성을 회복시키고, 강력한 정
부를 세우고, 백성들의 참담한 삶을 환희와 기쁨으로 이끌고,

부도덕하고 무질서한 삶을 의롭고 품위 있게 만들고, 백성들에게 행복을 선사하고, 거룩한 지도자가 되고, 인정사정보다 공익을 추구하고, 뛰어난 건축가가 되어 예루살렘 성벽을 재건하고, 감정을 앞세우기보다 기도하는 사람이었습니다. 건축가요 예술가요 군인이요 총독이요 행정가요 시인이요 기도하는 사람으로, 즉 다재다능하게 쓰임 받은 사람이었습니다.

느헤미야서의 시대적인 배경은 북이스라엘이 BC 722년에, 남유다가 BC 586년에 각각 망하고 난 뒤 예루살렘 성이 황폐한 목장이 되었을 때입니다. 즉 바벨론 포로기였습니다. 당시에는 이스라엘의 수많은 사람들이 포로수용소에 있었습니다. 스룹바벨 때 포로 중 일부가 돌아와서 성을 재건하다 중단되고, 에스라가 다시 진행하다 실패한 상태에서 예루살렘 성벽이 헐리고 성문이 불탄 소식을 느헤미야가 듣게 되는 것이 느헤미야서의 시작입니다.

느헤미야는 왕궁에 있는 사람이었습니다. 2장 1절은 "왕 앞에 포도주가 있기로 내가 그 포도주를 왕에게 드렸는데"라고 말합니다. 그는 이방 사람임에도 불구하고 신임이 두터워 지근거리에서 왕의 포도주를 담당하는 술 맡은 관원장의 자리에까지 올랐습니다.

그런 그는 왕궁에서 편히 살아갈 때 고향 소식을 듣게 되었습니다. "내가 이 말을 듣고 앉아서 울고 수일 동안 슬퍼하며 하늘의 하나님 앞에 금식하며 기도하여"(1:4)라는 말씀에서 하나님께 쓰임 받는 사람에게는 몇 가지 특징이 있음을 발견하게 됩니다.

첫째, 관심 사항이 특별합니다. 느헤미야는 내 돈, 내 건강, 내 자존심이 아니라 조국과 민족에 대해 관심이 있었습니다. 마태복음 6장 33절은 "너희는 먼저 그의 나라와 그의 의를 구하라 그리하면 이 모든 것을 너희에게 더하시리라"라고 말합니다. 조국의 형편과 예루살렘 성에 남아 있는 형제들을 생각할 때 슬픔이 북받쳐서 수일 동안 울며 기도하는 사람의 기도와 관심을 하나님은 어여삐 여기십니다. 이기적인 사람, 자기중심적인 사람은 존경받을 수 없습니다. 사심이 아니라 공익을 위해서 기도하고, 하나님의 나라와 의를 구하는 사람을 하나님은 받으십니다. 관심 사항을 어디에 두느냐가 쓰임 받는 자의 조건입니다.

둘째, 듣는 귀가 다릅니다. 느헤미야 1장 4절은 "이 말을 듣고 앉아서 울고"라고 기록하고 있습니다. 하나님은 시대마다 사람을 들어 쓰실 때 그들의 마음과 오장육부를 성형해서 쓰셨습니다. 일례로, 하나님은 에스겔의 이마를 화석보다 굳은 금강석같이 하셔서 사람들을 두려워하지 않게 하셨습니다. 여호수아는 "마음을 강하고 담대히 하라" 하시며 강심장으로 만드신 후에 쓰셨습니다. 이사야는 천사를 통해 입술을 수술하고 나서 쓰셨습니다. 느헤미야의 경우에는 어떻게 하셨습니까? 하나님이 유달리 귀를 민감하게 만들어 쓰셨습니다. 똑같은 형편을 들은 다른 이스라엘 백성들은 반응이 없는 데 비해 느헤미야는 고향 땅 예루살렘의 형편을 들을 때 슬픔이 북받쳐서 울며 수일 동안 기도했습니다. 하나님은 하나님의 음성에 귀 기울이는 자를 들어 쓰십니다.

셋째, 기도의 사람입니다. 느헤미야서는 1장에서 기도로 시작해 13장 마지막 절도 기도로 끝납니다. 사람이 어떤 문제가 생겼을 때 문제를 문제 삼는 것은 쉽습니다. 그러나 문제를 기도 제목 삼고, 그것 때문에 겸손해지고, 그것 때문에 울고, 그것 때문에 하나님 앞에 매달리면 하나님이 그 기도를 들으십니다. 쓴 물이 단물이 되게 하시고, 애물단지가 보물단지가 되게 하시고, 근심거리가 간증거리가 되게 해 주십니다.

느헤미야는 고향의 형편을 듣고 주야로 기도하기 시작했습니다. 그러던 어느 날 왕이 "어찌하여 얼굴에 수심이 있느냐 … 네가 무엇을 원하느냐"(2:2, 4) 하고 물었고, 이때 느헤미야는 곧 하늘의 하나님께 묵도하고 왕께 아뢰었습니다. 이처럼 느헤미야는 기도가 체질이 된 사람이었습니다. 왕이 어명을 하달한 순간에도 묵상 기도를 하고 얼른 대답한 것입니다. 다니엘이 전에 하던 대로 하루에 세 번 기도했듯이, 예수님이 습관을 따라 감람 산에 기도하러 가셨듯이 하나님이 한 시대에 쓰신 사람들은 모두 기도의 용사들이고 기도의 중독자들이라고 봐야 합니다.

내가 혼자 일하면 내가 하지만 기도하면 하나님의 보좌를 흔듭니다. 기도할 때 하나님이 일어나 역사하기 시작하시면 그분은 우주 만물을 총동원해 합력하여 선을 이루십니다.

우리가 인생을 살다 보면 의도하지 않았으나 어려움을 겪을 수 있습니다. 느헤미야 역시 수많은 반대에 직면했습니다. 그가 성벽을 재건하는 아름다운 일을 할 때 박수갈채만 받은 것은 아니었다는 뜻입니다. 거대한 반대 세력이 조직적으로 반발했습니다. 그때 느헤미야는 어떻게 해결했습니까?

"내가 돌아본 후에 일어나서 귀족들과 민장들과 남은 백성에게 말하기를 너희는 그들을 두려워하지 말고 지극히 크시고 두려우신 주를 기억하고 너희 형제와 자녀와 아내와 집을 위하여 싸우라 하였느니라"(4:14). 거대한 어려움을 직면했을 때 이겨 낼 수 있는 방법은 지극히 높으신 하나님을 기억하는 것, 문제보다 강하신 하나님을 붙드는 것입니다. 문제보다 강한 분이 하나님이십니다.

우리가 약해지는 이유는 자기 형편을 쳐다보며 서글퍼하기 때문입니다. 죄 중에 가장 큰 죄는 불신 죄가 아니겠습니까? 믿음이 없으니 온갖 근심거리가 일어나는 것입니다. 느헤미야가 수많은 어려움을 이겨 낼 수 있었던 비결은 자기 형편을 보지 않고, 문제보다 훨씬 크신 하나님을 바라보았기 때문입니다. 하나님을 바라보면서 고비고비를 넘어갈 수 있었던 것입니다. 우리는 눈을 들어 주를 바라보며 내 문제보다 크고 강하며 전능하신 하나님을 기억해야 합니다.

느헤미야서에 가장 많이 나오는 것은 '다음 순서'입니다. 7장을 보면 45개의 팀이 나옵니다. 이 팀은 이 일을 하고, 그다음에 저 팀이 저 일을 하는 등 계속해서 다음 순서가 나옵니다. 하나님은 느헤미야를 독불장군처럼 쓰시지 않으셨습니다. 먼저 스룹바벨이 성전 재건을 시작했고, 뒤이어 에스라가 부흥회를 열어 이스라엘 백성들의 무너진 심령을 회복시켰습니다.

하나님이 시대마다 쓰신 사람들을 보십시오. 모두 무너진 제단을 수축한 사람들이었습니다. 하나님은 시대마다, 사람마다 자신이 져야 할 분량을 주십니다. 슈퍼맨이 되어야 하는 것이 아니라 내가 해야 할 영역이 있다는 것입니다. 성경에 독불장군은 없습니다.

한나는 기도하다가 아들을 낳았습니다. 아들 사무엘은 마지막 사사가 되어 이스라엘의 혼란을 종식시키고, 성군 다윗을 기

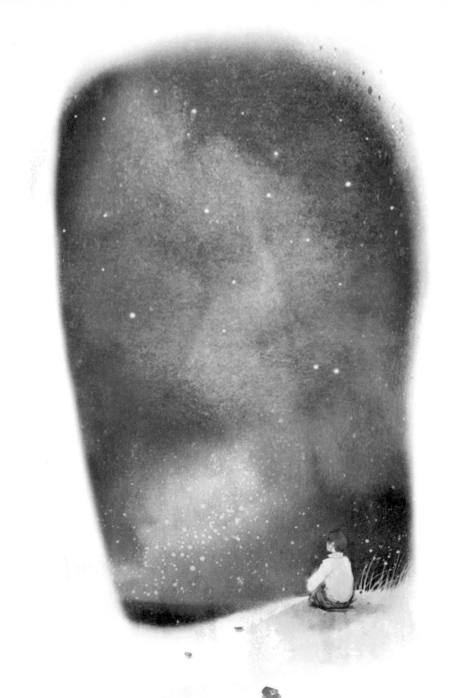

우리가 약해지는 이유는 자기 형편을 쳐다보며
서글퍼하기 때문입니다. 죄 중에 가장 큰 죄는
불신 죄가 아니겠습니까? 믿음이 없으니 온갖 근심거리가
일어나는 것입니다. 느헤미야가 수많은 어려움을 이겨 낼 수 있었던 비결은
자기 형편을 보지 않고, 문제보다 훨씬 크신 하나님을 바라보았기
때문입니다. 하나님을 바라보면서 고비고비를 넘어갈 수 있었던 것입니다.
우리는 눈을 들어 주를 바라보며 내 문제보다 크고 강하며
전능하신 하나님을 기억해야 합니다.

름 부어 세웠습니다. 다음 순서로 다윗의 아들 솔로몬이 성전을 지었습니다. 이드로라는 장인 밑에 모세가 있었고, 다음 순서로 여호수아가 나타났습니다. 하나님이 바나바 한 사람을 들어 쓰시자 그가 사울을 바울로 만들었고, 다음 순서로 바울 밑에 영적인 아들 오네시모, 디모데, 실라 등 많은 동역자들이 줄줄이 이어졌습니다. 이것이 바로 다음 순서입니다.

다음 순서가 유독 잘 나오는 성경이 바로 느헤미야서입니다. 느헤미야를 통해서 계속해서 배턴 터치가 이루어진 것입니다. 신앙에는 언제나 다음 단계로 넘어가는 진전이 있어야 합니다. 성장하지 않고 정체되거나 고착되면 큰 문제가 됩니다. 하나님은 느헤미야를 통해서 사람을 보내시고 일을 맡기셨습니다. 계속 흘러가게 하셨다는 뜻입니다. 느헤미야가 성벽을 재건할 때 탁월했던 점이 바로 이것입니다.

어느 민족이든 성벽을 쌓는 이유는 민족의 생존과 성결을 보존하기 위함입니다. 이스라엘 백성들은 예루살렘 성을 쌓음으로써 선민으로 보존되고 이방인들 사이에 경계로 삼았습니다. 그 성벽을 재건한 사람이 바로 느헤미야입니다.

그런데 성벽을 재건하는 데는 단 52일이 걸렸는데, 이스라엘 백성들의 무너진 마음을 재건하는 일은 수년이 걸려도 이루어지지 않았습니다. 차라리 성을 짓는 것이 쉽지, 깊은 패배감과 절망감을 극복하기란 심히 어려운 일이었습니다. 이스라엘 백성들은 마음의 끈이 끊어져 더 이상 희망 줄이 없고, 지칠 대로 지쳐 무기력과 절망감에 빠져 있었습니다.

그때 탁월한 지도자 느헤미야의 행동에 주목하십시오. 그는 백성들의 마음을 일깨워 벽돌 한 장 한 장을 함께 나르면서 동역하고 그들을 사역에 동참시킴으로 난국을 헤쳐 나갔습니다. 중요한 자리에서 한솥밥을 먹고, 중요한 자리에 동참하는 것은 매우 중요합니다. 느헤미야는 동역하고 동참하면서 무너진 성벽을 재건했을 뿐 아니라 민족의 자긍심을 일으키고 백성들의 무너진 자존심을 세워 주었습니다. 성벽만이 아니라 백성들의 자존심을 세운 사람이 느헤미야였던 것입니다.

사람을 통해 역사하시는 하나님은 그 시대마다 사람을 찾으십니다. 시대의 사명이 있다면 남의 일인 양 외면하거나 부족하다고 거절하지 마십시오. 약점을 하나님께 내려놓으면 하나님이 회복시키고 고쳐 주십니다. 자기가 할 수 있는 분량만 최선을 다해 감당해 내면 하나님이 그다음으로 넘겨주십니다.

우리의 삶이 잘 연결되고 있습니까? 배턴 터치가 잘 이루어지고 있습니까? 삶을 맑고 깨끗하게 흘려보내는 축복의 통로로 쓰임 받기를 소원합니다.

미디안의 비밀

"아브라함이 후처를 맞이하였으니 그의 이름은 그두라라 그가 시므란과 욕산과 므단과 미디안과 이스박과 수아를 낳고 욕산은 스바와 드단을 낳았으며 드단의 자손은 앗수르 족속과 르두시 족속과 르움미 족속이며 미디안의 아들은 에바와 에벨과 하녹과 아비다와 엘다아이니 다 그두라의 자손이었더라 아브라함이 이삭에게 자기의 모든 소유를 주었고 자기 서자들에게도 재산을 주어 자기 생전에 그들로 하여금 자기 아들 이삭을 떠나 동방 곧 동쪽 땅으로 가게 하였더라"(창 25:1-6).

창세기 25장 1-6절은 아브라함의 축복에 대한 말씀입니다. 아브라함에게는 많은 자손들이 있었습니다. 사라가 죽자 아브라함은 후처 그두라를 얻었고, 그두라는 2-3절에 걸쳐 6명의 자녀들을 낳았습니다. 그중에 넷째 아들을 주목하십시오. 그의 이름은 미디안인데, 그는 다시 5명의 아들을 낳았습니다(4절). 그러나 하나님의 구원 역사는 미디안처럼 힘세고 잘생기고 똑똑한 아들이 아니라 연약하고 희롱당하는 이삭에게로 이어졌고, 그에게 축복권과 장자권이 주어졌습니다.

이후 아브라함은 약한 이삭을 보호하기 위해 자신이 후처에게서 얻은 서자들에게 일정 재산을 주어 생전에 교통정리를 했습니다. 동쪽 땅으로 쫓겨난 아브라함의 서자들 중의 대표적인 사람이 미디안이고, 그와 그의 다섯 아들들이 쫓겨 가 동쪽에 살았던 사막 지역이 미디안 광야입니다.

미디안의 다섯 아들들의 이름을 살펴보면 독특한 점이 발견됩니다. 구약시대에는 사람의 이름을 신앙고백적으로 지었습니다. 다시 말해 이름을 보면 그 사람의 인생을 알 수 있었습니다. 첫째 아들의 이름 '에바'는 '피곤하다', '어둠'이라는 뜻입니다. 아브라함의 집안에서 서자로 태어나 쫓겨났으니 인생이 우울하고 어둡다는 것입니다. 둘째 아들은 '에벨'입니다. '먼지로 돌아갔다', '이 세상에 와서 사는 것이 다 헛되고 허무하다'는 의미입니다.

그런데 셋째 아들부터 이름이 달라집니다. 셋째 아들의 이름은 '하나님께로 돌아왔다'는 뜻의 '하녹'입니다. 인생을 한탄하고 집안을 원망하며 살다가 셋째 아들부터는 하나님께 돌아가고자 회개하고 결단한 것입니다. 넷째 아들은 '아비다', 즉 '나의 아버지는 아신다'라는 이름 뜻을 가지고 있었습니다. 기도 중에 가장 좋은 기도는 "주님, 제 마음 아시지요"라는 기도입니다. 주님과 뜻이 통하고 마음이 통하면 되는 것입니다. 다섯째 아들은 '엘다아'입니다. '하나님께 부름 받은 자다'라는 뜻입니다.

미디안 족속이 동쪽 끝으로 가서 유목 생활을 하면서 둘째 아들까지는 저주와 원망과 불평이라는 의미로 이름을 지었는데 셋째 아들부터는 하나님께로 돌아가자는 신앙고백적인 이름으로 지은 것입니다. 여기서 하나님의 신비로운 역사가 이루어집니다. 그곳 미디안 광야에서 만난 사람이 바로 모세입니다. 모세가 애굽 왕실에서 지내다 불혹의 나이 마흔에 야밤에 들판으로 도망을 갔는데 그곳이 바로 미디안 광야였던 것입니다. 모세는 미디안 광야에 살면서 십보라라는 부인을 맞이해 결혼을 했습니다.

모세가 낳은 아이들의 이름도 독특합니다. 장자의 이름이 '게르솜'입니다. 쫓겨나 정처 없이 떠돌던 인생이어서 그 이름을 '나그네'라고 지었던 것입니다. 둘째 아들의 이름은 '엘리에셀'입니다. 둘째 아들부터 이름이 바뀝니다. '엘리에셀'이란 '하나님이 도우셨다'는 뜻으로, 하나님이 도우셔서 쫓겨난 광야에서 십보라라는 아내를 만났다는 의미입니다. 모세의 장인 이드로는 매우 중요한 인물이지요. 그는 미디안의 제사장으로서, 이스라엘 초기 역사에 굉장한 영향력을 미쳤습니다. 오늘날로 말하면 시, 군, 면, 리 단위의 행정 조직 시스템인 십부장, 오십부장, 백부장, 천부장이라는 프로그램을 만든 사람이라고 할 수 있습니다.

아브라함의 서자 가운데 넷째 아들인 미디안은 저주와 원망을 접고 축복의 통로가 되었으며, 어려운 시절에 민족의 지도자 모세를 키워 내는 시대의 양육자가 되었습니다. 버림받은 자가 이후에 위대한 지도자를 양육하는 자가 된 것입니다. 이방 여인 룻을 보십시오. 그녀는 다윗의 왕통을 잉태하는 모태를 형성하면서 이스라엘의 양육자가 되었습니다. 하나님은 비주류가 주류가 되게 하시고, 신통치 않은 자를 통해 일하십니다.

미디안 족속은 두 부류입니다. 그들은 태생적인 콤플렉스를 가지고 오랜 세월 원망하면서 살았습니다. 구약성경에서 '원망'은 곧 '범죄'와 동일어였습니다. 심지어 미디안 족속 가운데는 자신의 인생을 원망하고 저주하면서 오랜 세월 이스라엘의 철천지원수가 되어 계속해서 전쟁을 일으켜 패가망신한 자손들도 있었습니다. 한 예로 기드온과 싸운 족속이 미디안입니다. 물론 그중에 하나님께로 돌아간 부류도 가문에 콩 나듯이 있었습니다. 인간의 모든 문제는 하나님과의 관계에서 비롯됩니다. 하나님 앞에서 버림받았다고 여기고 떠난 사람과 하나님을 가까이한 사람의 차이인 것입니다.

우리는 원망하고 핑계 대며 살아가기가 쉽습니다. 사람을 원망하는 것은 죄악이고 쓴 뿌리입니다. 원망한다고 문제가 해결

됩니까? 인생 최고의 악성 바이러스는 원망입니다. 성경에는 구레네 시몬이라는 사람이 나옵니다. 지나가다 얼떨결에 무거운 예수님의 십자가를 졌으나, 그 우연 때문에 이후에 그의 아내가 사도 바울의 어머니와 같은 역할을 하게 되었으며, 그의 아들들이 초대교회의 지도자가 되었습니다. 우리는 축복의 통로가 되어야 합니다. 모세와 같은 지도자를 만들어 내야 합니다.

어떤 자리에 설 것입니까? 복 있는 사람은 악인의 꾀를 따라 가지 않고, 죄인의 길, 오만한 자의 자리에 가지도 서지도 않습니다. 의인의 반열에 우뚝 서서 주님을 바라보고, 때를 얻든지 못 얻든지 어디를 가든지 복음을 선포하십시오. 그러면 비록 부모는 가난해도 자녀들은 의의 축복, '아이야의 축복'을 받게 됩니다. 아브라함, 이삭, 야곱의 축복을 이어 간다는 뜻입니다.

이 시대의 원망의 씨앗이 되지 말고, 쓴 물을 흘리지 마십시오. 자녀들을 축복함으로 가정에 회복이 일어나기를 바랍니다. 회복의 역사와 반전의 역사가 부모 세대보다 자녀 세대에서 훨씬 더 잘 이루어진 미디안의 역사가 우리 모두의 가정에 일어나기를 주의 이름으로 당부합니다.

김문훈 목사님의 해당 설교 영상을 볼 수 있습니다.

힘의 흐름

"나의 힘이신 여호와여 내가 주를 사랑하나이다 여
호와는 나의 반석이시요 나의 요새시요 나를 건지시
는 이시요 나의 하나님이시요 내가 그 안에 피할 나
의 바위시요 나의 방패시요 나의 구원의 뿔이시요 나
의 산성이시로다 내가 찬송 받으실 여호와께 아뢰리
니 내 원수들에게서 구원을 얻으리로다 사망의 줄이
나를 얽고 불의의 창수가 나를 두렵게 하였으며 스
올의 줄이 나를 두르고 사망의 올무가 내게 이르렀도
다 내가 환난 중에서 여호와께 아뢰며 나의 하나님께
부르짖었더니 그가 그의 성전에서 내 소리를 들으심
이여 그의 앞에서 나의 부르짖음이 그의 귀에 들렸도
다"(시 18:1-6).

"나의 힘이신 여호와여 내가 주를 사랑하나이다"라는 시편 18
편 1절은 성경의 여러 구절들 중에서도 아주 독특한 말씀입니
다. 사람은 살아가면서 어디에서 힘을 얻고, 어떻게 그 힘을 흘
려보낼까요? 즉 힘과 사랑, 힘의 원리, 힘의 흐름에 대해서 가
장 잘 설명해 놓은 말씀이 시편 18편입니다.

다윗이 지은 시편을 보면 사울 왕과 대조되는 라이프스타일
이 확연히 드러납니다. 사울은 왕으로 세워졌을 때 너무나 겸
손해서 짐 보따리들 사이에 숨을 정도였고, 얼굴이 준수했으며,
키가 한 자나 더 크고 멋있는 사람이었습니다. 그러나 사울 왕

은 용두사미형이었습니다. 시작은 잘했지만 끝에 가서 신통찮은 사람이 되고 말았습니다. 왕권을 자기가 관리하고 아들 요나단에게 물려주기 위해 방해가 되는 다윗을 미워하고 평생 죽이려 쫓아다니다가 인생이 망가졌습니다. 또한 사람을 의지했으며, 나중에는 신접한 여인에게 가서 물어보고 하나님께는 묻지 않았습니다. 역대상 10장 14절은 "여호와께 묻지 아니하였으므로 여호와께서 그를 죽이시고 그 나라를 이새의 아들 다윗에게 넘겨주셨더라"라고 말합니다. 너무도 인간적이고 사람 중심의 삶을 살았던 사람이 사울 왕이었습니다.

그에 비해 다윗은 하나님을 향해 서러우면 서러운 대로, 힘들면 힘든 대로 하나님께 토로하고, 여쭈어 보고, 의지하고, 부르짖었습니다(4-6절). 오직 힘의 원천이신 하나님 앞에 나아갔습니다. 사람에게 도움을 받으려고 하지 않았습니다. 아이들이 아프면 응석이 늘고 어머니를 찾게 됩니다. 힘들고 어려우면 사람의 정이 그립고, 사람으로부터 위로를 얻고 싶어 하는 것이 인지상정입니다. 그러나 사람을 의지하는 모습은 신앙의 세계에서는 유치한 수준이라는 사실을 알아야 합니다.

다윗은 남달랐습니다. 다윗의 시편을 보면 오직 예수, 오직 하나님이었습니다. 그는 처음부터 주신 자도 하나님이시요 주님이 나의 힘이 되시며 나의 산성이시요 피난처시요 나의 자랑,

나의 노래, 나의 기쁨이라고 고백했습니다. 모든 것이 하나님께로부터 온 것이라고 여겼기 때문에 어려운 일을 당해도 하나님의 은혜로 살아갈 수 있었습니다. 하나님을 중심으로 한 힘의 축을 보여 준 것입니다. 우리가 신앙생활을 하기 위해서는 힘이 있어야 하는데 힘의 방향을 가장 지혜롭게 설정한 사람이 바로 다윗 왕입니다.

우리의 인생이 용두사미형이냐 승승장구형이냐는 관리형의 사람인가, 감당형의 사람인가에 의해 결정됩니다. 긴 세월을 살다 보면 내 돈, 내 자식, 내 자리를 관리하고 지키려는 것이 상식인 것 같습니다. 하지만 성도의 삶은 그렇지 않습니다. 내 힘으로 닦달한다고 해서 되는 일이 아니지요. 주신 자도 하나님이시요 취하신 자도 하나님이십니다. 지금까지 지내 온 것이 하나님의 은혜인 것입니다. 사울은 하나님이 주신 왕권을 자기가 관리하려고 했습니다. 하나님이 주신 은혜를 감당하지 못하고 엉뚱하게 살았습니다. 철저히 인본주의적이고 자기중심적인 삶을 살았던 사람이 사울입니다. 다윗은 처음부터 주신 자도 하나님이요 나의 피난처요 나의 자랑이라고 고백했습니다. 모든 것을 하나님께로부터 받았기 때문에 하나님의 은혜만을 바랐습니다.

대표적인 예를 들어봅시다. 사무엘하 16장에서 아들 압살롬이 배반하자 머리를 풀어 헤치고 맨발로 야반도주를 하며 요단강을 건널 때 다윗의 모습은 참으로 비참합니다. 그때 시므이라는 사람이 다윗을 향해 "피를 흘린 자여 사악한 자여 가거라 가거라"(7절) 하고 비난하고 저주를 퍼부었습니다. 그 말을 들은 다윗의 장군들은 화가 나서 "이 죽은 개가 어찌 내 주 왕을 저주하리이까 청하건대 내가 건너가서 그의 머리를 베게 하소서"(9절) 하고 다윗에게 청했습니다. 그때 다윗이 한 말이 있습니다. "그가 저주하게 버려두라"(11절). 다윗은 하나님이 억울하고 분통 터지는 자신의 모습을 바라보시고 한 번만 은혜를 주시면 자신이 다시 회복될 것이라고 굳게 믿고 고백한 것입니다. 은혜 중심의 사상입니다.

힘은 움직입니다. 힘의 축이 움직이면 마음의 축이 함께 움직입니다. 다윗은 나의 힘이 되신 여호와를 사랑한다고 고백했습니다. 힘과 사랑이 가장 잘 흘러간 사람이 다윗이었습니다. 마음은 매력적인 데로 흘러가는데, 그것이 사랑입니다. 힘도 센 쪽으로 붙는데, 그것을 자기력이라고 합니다. 또한 현대에서 빼놓을 수 없이 중요한 힘이 회복력입니다. 사람의 몸에는 본향으로 회귀하고자 하는 힘인 회복력이 내재되어 있습니다.

다윗이 위대한 이유는 그가 완전무결한 인물이기 때문이 아닙니다. 그는 살인죄와 간음죄를 저지른 사람이었습니다. 그가 위대한 이유는 시편 51편에서 볼 수 있듯이 회개의 능력, 회복력이 있었기 때문입니다. 11-12절에서 다윗은 "주의 성령을 내게서 거두지 마소서 주의 구원의 즐거움을 내게 회복시켜 주시고"라고 고백했습니다.

다윗은 힘의 원천이 되시는 하나님을 부르고 찾았습니다. 믿음이 성숙한 사람은 서럽고 분하고 원통할 때 다른 어떤 것이 아니라 하나님을 찾습니다. 그런 다윗을 하나님은 당신의 마음에 맞는 자로 인정해 주셨고 축복의 통로로 사용하셨습니다.

힘에는 다섯 가지가 있다고 말하는 분이 있습니다. 심력, 지력, 체력, 자기 통제력, 인간관계력입니다. 심력이란 마음먹은 대로 된다는 것입니다. 긍정의 힘을 말합니다. 지력은 천 번 만 번 노력하는 것보다 한 번의 명확한 판단이 중요하다는 것입니다. 체력은 건강을 말합니다. 건강한 몸에서 건강한 신앙이 나오고 건강한 사역이 나옵니다. 자기 통제력은 절제함으로 자기를 쳐서 십자가에 복종시키는 것입니다. 인간관계력은 관계를 잘 유지하는 힘입니다. 관계가 행복입니다. 그런가 하면 의사소통 능력을 특히 강조하는 분도 있습니다. 21세기 글로벌 리더가 되기 위해 가장 필요한 능력입니다.

말의 흐름, 힘의 흐름, 사랑의 흐름이 중요합니다. 사랑은 변질되어서는 안 되고 힘은 엉뚱한 데 쓰면 안 됩니다. 다윗은 "나의 힘이신 여호와여 내가 주를 사랑하나이다"라고 고백했습니다. 힘의 원천을 제대로 찾고, 사랑을 고백할 대상을 잘 선정하십시오. 하나님으로 인해 새 힘을 얻어 하나님을 사랑하고, 하나님을 찬송하고, 하나님을 높이면 하나님은 반드시 그를 붙들어 주십니다.

시편 18편의 흐름 가운데 다윗이 가장 중요하게 여긴 것은 회개 기도입니다. 다윗이 범죄한 후 지은 시편 51편 회개의 시는 가장 멋지고 용기 있는 시입니다. 하나님은 우리에게도 회복할 수 있는 능력을 주셨습니다. 첫사랑을 회복하십시오. 피로를 회복하고, 구원의 감격을 회복하십시오. 회복 능력을 통해 하나님과의 관계를 회복함으로 힘을 제대로 받아 제대로 사랑하고 섬기고 힘써 삶의 순리를 따라가는 우리 모두가 되기를 바랍니다.

김문훈 목사님의 해당 설교 영상을 볼 수 있습니다.

가만히 서서 보라

"바로가 가까이 올 때에 이스라엘 자손이 눈을 들어 본즉 애굽 사람들이 자기들 뒤에 이른지라 이스라엘 자손이 심히 두려워하여 여호와께 부르짖고 그들이 또 모세에게 이르되 애굽에 매장지가 없어서 당신이 우리를 이끌어 내어 이 광야에서 죽게 하느냐 어찌하여 당신이 우리를 애굽에서 이끌어 내어 우리에게 이같이 하느냐 우리가 애굽에서 당신에게 이른 말이 이것이 아니냐 이르기를 우리를 내버려 두라 우리가 애굽 사람을 섬길 것이라 하지 아니하더냐 애굽 사람을 섬기는 것이 광야에서 죽는 것보다 낫겠노라 모세가 백성에게 이르되 너희는 두려워하지 말고 가만히 서서 여호와께서 오늘 너희를 위하여 행하시는 구원을 보라 너희가 오늘 본 애굽 사람을 영원히 다시 보지 아니하리라 여호와께서 너희를 위하여 싸우시리니 너희는 가만히 있을지니라 여호와께서 모세에게 이르시되 너는 어찌하여 내게 부르짖느냐 이스라엘 자손에게 명령하여 앞으로 나아가게 하고 지팡이를 들고 손을 바다 위로 내밀어 그것이 갈라지게 하라 이스라엘 자손이 바다 가운데서 마른 땅으로 행하리라"(출 14:10-16).

역사는 반복되고 사람의 인생길은 이스라엘 백성들이 출애굽한 과정과 흡사합니다. 매인 곳, 갇힌 곳에서 해방을 얻는 것이 바로 출애굽입니다. 홍해를 건너는 것은 우리가 세례 받는 것과 같고, 나그네 광야 생활 40년은 머리 둘 곳 없이 방황하고 헤매는 우리 인생길과 비슷하며, 성경 속 사건과 사연들 하나하나는 사람이 살아가면서 겪는 일들과 비슷합니다. 그리고 요단 강을 건너는 것은 인생을 다 마치는 것을 의미합니다.

출애굽기 14장은 이스라엘 백성들이 출애굽을 한 뒤 홍해 앞에 서 있는 모습입니다. 이스라엘 백성들은 바로가 가까이 올 때 심히 두려워 떨었습니다.

사람이 살아갈 때는 반드시 시험이 옵니다. 야고보서 1장 2절은 "내 형제들아 너희가 여러 가지 시험을 당하거든 온전히 기쁘게 여기라"라고 말합니다. 여기서 형제들이란 말을 잘 보세요. 이는 믿는 자들을 의미합니다. 기도를 많이 하고 믿음이 좋은 사람도 시험에 들고, 병에 걸리고, 사고가 납니다. 누구나 어디 있든지 시험이 옵니다. 시험 없는 사람은 없습니다. 그러므로 우리는 시험을 그때그때 통과하고 감당해야 합니다.

믿음도 들음에서 나지만 시험도 들음에서 옵니다. 믿음은 바라는 것들의 실상이라는 말씀처럼 바라보고 꿈을 꾸면 실제 상황이 됩니다. 시험도 견물생심이라고, 보고 듣는 데서 옵니다. 출애굽기 14장의 이스라엘 백성들은 바로가 가까이 왔다는 소식을 듣고 바로의 군인들이 쳐들어오는 모습을 바라보다가 두려움에 빠졌습니다. 이 세상을 살아가는 동안 누구나 겪기 마련인 시험과 환난, 우리는 이 어려움을 어떻게 감당할 수 있을까요?

11-12절에서 이스라엘 백성들은 "애굽에 매장지가 없어서 당신이 우리를 이끌어 내어 이 광야에서 죽게 하느냐 … 우리를 내버려 두라 우리가 애굽 사람을 섬길 것이라 하지 아니하더냐" 하며 불평했습니다. 이때 하나님은 모세를 통해 "너희는 두려워하지 말고 가만히 서서 여호와께서 오늘 너희를 위하여 행하시는 구원을 보라"(13절)라고 말씀하셨습니다. 이스라엘 백성들의 "내버려 두라"라는 말은 불평이요 짜증이요 내 인생에 간섭하지 말라는 뜻입니다. 반면 하나님이 "가만히 서서"라고 하신 말씀은 가만히 있어 하나님의 구원하심을 보라는 뜻이지요.

　사람이 살다 보면 애쓰고 움직인다고 일이 되지 않습니다. 큰 복은 하나님이 주시기 때문에 하나님이 큰일을 계획하시고 인도하셔야 하는 것입니다. 하나님은 그런 우리에게 "가만히 서서 여호와께서 오늘 너희를 위하여 행하시는 구원을 보라"라고 말씀하십니다.

　이때 주의할 점이 있습니다. 처음부터 가만히 있으라는 뜻이 아니라는 사실입니다. 하나님은 사모하고 구하고 찾고 두드리는 자에게 복을 주십니다. 부지런히 움직여 심은 대로, 행한 대로 복을 받는다고 하셨습니다. 아무것도 하지 않고 가만히 있는 사람이 어떻게 복을 받겠습니까? 신앙생활에서 가장 바람직하지 않은 태도는 덥다고, 춥다고, 피곤하다고 가만히 있는 것입니다. 바쁠수록 기도하고, 힘들수록 찬양하는 것이 신앙생활을 잘하는 방법입니다. 이겨야 됩니다.

처음부터 가만히 있으면 기적도 없고, 시험에 들었다 승리하는 일도 일어나지 않습니다. '진인사대천명(盡人事待天命)', 즉 노력을 다한 후에 하늘의 명령을 기다려야 하는 것입니다. 현실에 최선을 다하고, 현장에 달인이 되고, 현재에 감사한 다음에 비로소 하나님 앞에 내려놓을 수 있는 것입니다. 치열한 생존경쟁을 해본 사람만이 내려놓음의 자유를 알 수 있습니다.

하나님은 위대하시지만 모세와 이스라엘 백성들과 우리는 약한 존재입니다. 하나님이 구원 역사를 직접 베풀어 주시므로 가만히 서서 손가락도 까딱하지 말고 하나님의 구원하심을 보라는 것이 홍해의 교훈입니다. 신앙생활을 열심히 하다 보면 내려놓음의 자유, 포기의 축복, 버림의 여유를 깨닫게 됩니다. 괜히 헛고생하지 마십시오. 야곱처럼 하나님과 독대하고, 아브라함처럼 홀로 하나님 앞에서 문제를 돌파해 나가고, 다메섹 도상에서 이방의 대사도로 거듭난 사도 바울처럼 하나님을 만나십시오.

모세가 지팡이를 내밀자 홍해가 갈라졌습니다. 성경을 보면 하나님의 구원 역사는 작은 것에서 나타났습니다. 다윗의 손에 들린 작은 물매 돌이 골리앗을 넘어뜨렸고, 엘리야의 기도로 손만 한 작은 구름이 나타나 3년 6개월 만에 비가 내리는 기적이 일어났습니다. 달란트 비유에서 예수님은 "네가 적은 일에 충성하였으매 내가 많은 것을 네게 맡기리니 네 주인의 즐거움에 참여할지어다"(마 25:21, 23)라고 말씀하셨습니다. 하나님은 적은 일, 작은 자도 들어 쓰십니다.

기다릴 때 대기만성이 이루어지고, 하나님은 겸손한 자를 위대하게 쓰시고, 주는 자가 복이 있고, 섬기는 자가 큰 자입니다. 어깨에 힘 빼고 내려놓으라, 가만히 있으라는 것이 핵심입니다. 살다 보면 가만히 있는 것이 실력입니다.

신앙은 맡기고 의지하는 것입니다. 무거운 것을 힘들게 들고 가다가 내려놓는 것입니다. 그때 자유와 기쁨이 옵니다. 내가 집착하고 고집을 부릴수록 점점 수렁으로 빠지게 됩니다. 히브리서 11장 6절은 "믿음이 없이는 하나님을 기쁘시게 하지 못하나니 하나님께 나아가는 자는 반드시 그가 계신 것과 또한 그가 자기를 찾는 자들에게 상 주시는 이심을 믿어야 할지니라"라고 말합니다. 믿어야 영광을 볼 수 있습니다.

오늘날 그리스도인들은 점점 이기적이고 자기 세계에 함몰되어 하나님은 안중에도 없는 삶을 살아가고 있습니다. 꼼수를 부리거나 조작하지 않고 가만히 서서 주를 바라보는 것이 내공이요 뿌리 깊은 믿음입니다. 이것은 하나님에 대한 신뢰와 위탁하는 마음이 있을 때 비로소 가능합니다. 하나님은 인간이 자기 힘으로 하려는 것을 싫어하십니다. 기독교 신앙의 핵심은 "잘하려고 하지 말고 잘 믿으라"입니다. 자기를 실현하려 하지 말고 하나님의 구원 역사를 바라보는 것이요 십자가입니다.

십자가에는 두 가지 뜻이 있는데, 첫째는 보혈입니다. 십자가의 보혈만이 우리 죄를 정결하게 하고 죄 사함의 은총을 베풀어 줍니다. 보혈의 공로로 우리가 죄 사함과 구원을 받게 되는 것입니다. 둘째는 죽는 것입니다. 사도 바울은 "나는 날마다 죽노라"(고전 15:31)라고 했습니다. 사람은 누구나 마음속에 더러운 정과 욕심이 불 일 듯 일어나는데 사도 바울처럼 날마다 정과 욕심을 십자가에 못 박아야 합니다. 그때 우리 안에 그리스도께서 역사하십니다.

15절은 "너는 어찌하여 내게 부르짖느냐 이스라엘 자손에게 명령하여 앞으로 나아가게 하고"라고 말합니다. 이제 부르짖지만 말고 앞으로 나아가라는 하나님의 사인입니다. 전능하신 하나님을 향한 믿음이 있는 사람은 담대히 나아갑니다.

그런데 사실 이것은 참으로 어려운 말씀입니다. 옆에 시퍼런 물이 기둥같이 서 있는 것을 보면 무서운데 두려워하지 말고 한복판으로 걸어가라시니 말입니다. 용기를 가지고 빛 가운데로 걸어가면 해결이 됩니다. 두려워하지 말고, 도망가지 말고, 현실을 직시하고, 하나님과 독대하고, 하나님 앞에 정면으로 나가면 하나님이 진퇴양난의 홍해를 갈라서 육지같이 건너게 하시고 괴롭히던 대상을 한 번에 정리해 주십니다.

이스라엘 백성에게는 구원이, 애굽 백성에게는 심판이 동시에 이루어졌습니다. 우리 삶 속에서도 마찬가지입니다. 수많은 시험과 유혹이 있지만 두려워 말고 가만히 서서 하나님의 구원 역사를 바라보십시오. 별일이 많은 오늘의 세상을 살아가면서 광야 길에 바라볼 것이 무엇입니까? 산 넘어 산이요 고비 넘어 고비입니다. 이스라엘 백성들은 겨우 출애굽에서 벗어난 것을 행복해할 틈도 없이 홍해를 맞닥뜨렸고, 홍해를 통과한 뒤에는 마라의 쓴 물을 만났습니다. 그들은 계속 불평했지만 하나님은 뭐라고 말씀하셨습니까? "가만히 있으라"고 말씀하셨습니다.

내려놓음의 자유, 포기의 축복, 떠남의 홀가분함, 지는 것의 이김, 버림의 여유, 느림의 미학을 깨닫고 가만히 서서 하나님의 구원하심을 바라볼 수 있기를 바랍니다.

야곱 집안

"야곱이 그대로 하여 그 칠 일을 채우매 라반이 딸 라헬도 그에게 아내로 주고 라반이 또 그의 여종 빌하를 그의 딸 라헬에게 주어 시녀가 되게 하매 야곱이 또한 라헬에게로 들어갔고 그가 레아보다 라헬을 더 사랑하여 다시 칠 년 동안 라반을 섬겼더라 여호와께서 레아가 사랑받지 못함을 보시고 그의 태를 여셨으나 라헬은 자녀가 없었더라 레아가 임신하여 아들을 낳고 그 이름을 르우벤이라 하여 이르되 여호와께서 나의 괴로움을 돌보셨으니 이제는 내 남편이 나를 사랑하리로다 하였더라 그가 다시 임신하여 아들을 낳고 이르되 여호와께서 내가 사랑받지 못함을 들으셨으므로 내게 이 아들도 주셨도다 하고 그의 이름을 시므온이라 하였으며 그가 또 임신하여 아들을 낳고 이르되 내가 그에게 세 아들을 낳았으니 내 남편이 지금부터 나와 연합하리로다 하고 그의 이름을 레위라 하였으며 그가 또 임신하여 아들을 낳고 이르되 내가 이제는 여호와를 찬송하리로다 하고 이로 말미암아 그가 그의 이름을 유다라 하였고 그의 출산이 멈추었더라"(창 29:28-35).

야곱은 태어날 때부터 문제가 많은 사람이었습니다. 태중에서부터 형과 싸우고, 태어날 때도 형 발목을 잡고 나오고, 남에게 지는 것을 싫어하는 욕심 많은 매우 인간적인 사람이 야곱이었습니다. 그는 욕심 끝에 형으로부터 장자권을 빼앗았고, 그 일로 외삼촌의 집으로 피난을 갔습니다. 창세기 29장 28-35절은 외삼촌 집에서 야곱이 겪은 일들을 보여 줍니다. 이후 한 사람 야곱이 네 명의 부인을 맞게 되고, 그 사이에서 태어난 12명의 아들들이 이스라엘의 12지파를 형성하게 되었습니다.

한 사람 야곱이 파란만장한 세월을 보내면서 일가를 이루고 이스라엘의 족보를 만들어 가는 과정에서 우리가 배울 점이 많습니다. 하나님은 교회보다 가정을 먼저 만드셨습니다. 가화만사성, 즉 집안이 화목하면 모든 일이 잘됩니다. 반대되는 말도 있지요. 집에서 새는 쪽박은 밖에서도 샙니다. 가정이 반듯할 때 모든 것이 반듯하게 요람에서 무덤까지 흘러가는 것입니다.

야곱의 집안을 보면서 느끼는 것은 하나님 나라에는 쓸데없는 사람이 하나도 없다는 것입니다. 교회에는 필요 없는 존재가 없습니다. 큰 집에 큰 그릇, 작은 그릇, 종지 등 다양한 그릇이 있듯이 하나님 나라에는 사기꾼 같은 야곱도, 못생긴 레아도, 예쁘지만 자식이 없는 라헬도, 여종 빌하와 실바도 필요합니다. 그 자녀들이 모여 12지파를 이루고 이스라엘을 만든 것입니다.

야곱의 라이프스타일을 보면 독특한 특징 세 가지를 발견하게 됩니다. 첫째, '대로의 법칙'입니다. 28절은 "야곱이 그대로 하여 그 칠 일을 채우매 라반이 딸 라헬도 그에게 아내로 주고"

라고 말합니다. 야곱은 이해타산이 빠른 사람이었습니다. 그런데 특이하게도 외삼촌의 말은 흔쾌히 행했습니다. 아브라함이 친척과 아버지의 집을 떠나라는 명령을 들었을 때 그대로 떠났듯이 한 푼도 손해 보지 않는 야곱이었으나 14년간 처가살이를 해야 했음에도 불구하고 라반의 집에서는 그대로 따랐습니다. 이것이 믿음대로, 꿈꾼 대로, 심은 대로, 소원대로, 흘린 대로, 이름대로 된다는 '대로의 법칙'입니다.

마태복음 9장 29절에서 예수님이 맹인들의 눈을 만지시며 "너희 믿음대로 되라" 하고 말씀하시자 즉시 그들의 눈이 밝아졌습니다. 믿은 만큼 됩니다. 기도는 길어도 응답은 순간이듯이 소원대로 됩니다. 기도한 대로, 말한 대로, 흘린 대로, 심은 대로 됩니다. 그러니 젊은 날 많이 심으십시오. 심는 데 주안점을 두면 언젠가 때가 되면 열매를 맺습니다. 심지 않고는 열매를 따 먹을 수가 없습니다.

둘째, 사랑입니다. 야곱의 인생을 끌고 간 힘은 사랑이었습니다. "야곱이 라헬을 위하여 칠 년 동안 라반을 섬겼으나 그를 사랑하는 까닭에 칠 년을 며칠같이 여겼더라 … 라헬을 더 사랑하여 다시 칠 년 동안 라반을 섬겼더라"(20, 30절). 사랑에는 국경이 없고, 사람은 밥이 아니라 사랑을 먹고 살아가는 존재입니다. 한 여인을 향한 순정으로 14년을 보내지만 결코 아까워하지 않은 가슴 따뜻한 사람이 야곱이었습니다.

요한계시록에서 예수님은 처음 사랑을 회복하지 못하면 촛대를 옮겨 버리겠다고 말씀하셨습니다(계 2:4-5). 야곱은 장자권과 축복권을 형에게서 빼앗은 사람이었지만 사랑의 체온을 유지하고 첫사랑의 감성을 소유했습니다. 사랑하는 사람을 얻기위해 머슴 일을 하면서도 낭비로 여기지 않고 7년을 며칠같이여기는 사나이가 몇 명이나 있겠습니까? 야곱의 가슴에는 사랑의 불씨가 있었던 것입니다.

얼마나 사랑받고 사랑할 수 있느냐는 한 사람의 역량이요 인격입니다. 참사랑을 받은 사람이야말로 다른 사람을 사랑할 수있습니다. 우리에게는 하나님을 향한 사랑, 가정을 향한 사랑, 일을 향한 사랑의 설렘이 있어야 합니다. 쓴맛, 단맛 다 보고 마음이 식어 버리면 유통기한이 끝난 것입니다. 이 같은 야곱과라헬의 애틋하고 열정적인 사랑이 있었기에 요셉이 태어났고, 이스라엘 민족이 번성하는 축복이 이루어졌습니다.

한편 31절은 "여호와께서 레아가 사랑받지 못함을 보시고 그의 태를 여셨으나"라고 말합니다. 레아는 못생겼고 남편의 사랑을 받지 못했지만 하나님이 대신 그녀를 사랑해 주셨습니다. 하나님의 대신 사랑을 '은총'이라고 부릅니다. 하나님이 은총을베푸사 태를 열어 주셔서 레아는 아들을 낳았습니다. 비록 외

야곱의 집안을 보면서 느끼는 것은 하나님 나라에는 쓸데없는 사람이 하나도 없다는 것입니다. 교회에는 필요 없는 존재가 없습니다. 큰 집에 큰 그릇, 작은 그릇, 종지 등 다양한 그릇이 있듯이 하나님 나라에는 사기꾼 같은 야곱도, 못생긴 레아도, 예쁘지만 자식이 없는 라헬도, 여종 빌하와 실바도 필요합니다. 그 자녀들이 모여 12지파를 이루고 이스라엘을 만든 것입니다.

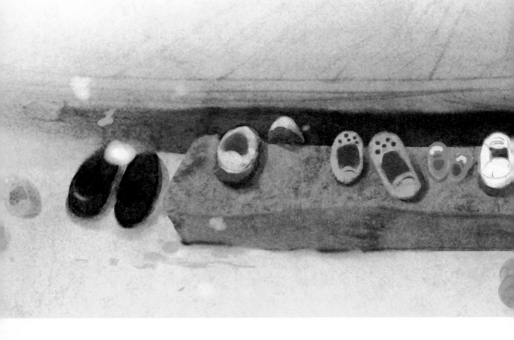

삼촌에게 속임을 당했으나 하나님은 야곱에게 은총과 복의 복을 더해 주셨습니다.

마지막으로, 이름입니다. 하나님의 은총을 입은 레아는 아들을 낳았습니다. 그리고 그 이름을 르우벤(하나님이 나의 괴로움을 돌보셨다), 시므온(이 아들도 주셨다), 레위(내 남편이 지금부터 나와 연합하리로다), 유다(여호와를 찬송하리로다)라고 지었습니다.

레아는 아들 넷을 낳으면서 남편의 사랑을 받지 못해 한을 품은 채 그 이름을 지었습니다. 그러던 중 넷째 아들은 이제 원망하지 않고 하나님을 찬송해야겠다고 생각을 바꾸어 '찬송'이라는 뜻의 유다로 지은 것입니다. 이름 그대로 유다가 찬송이 되었고, 유다에게서 유대인이 나왔고, 다윗 왕이 탄생했습니다. 레아의 아들들은 이름대로 되었습니다.

이름은 매우 중요합니다. 이름을 바꾸면서 변화가 일어났습니다. 하나님은 시몬을 베드로로, 야곱을 이스라엘로 그 이름을 바꾸어 주셨습니다. 창세기를 보면 아담이 부르는 대로 이름이 되었습니다. 우리는 축복의 이름을 지어야 하고, 자신의 이름을 더럽히지 말아야 합니다.

여기서 주 적이 누구인가를 잘 알아야 합니다. 내가 누구를 상대하느냐는 매우 중요합니다. 레아가 마귀를 대적해야 하는데 괜히 가족을 대적하고 남편 야곱과 계속 싸웠다면 어떻게 되었을까요? 레아는 아들들의 이름을 통해 주 적의 방향을 바꾸었습니다. 남편을 원망하며 그와 다투기보다 하나님을 상대하고 하나님을 찬송한 것입니다. 야곱은 또 어떻습니까? 얍복 강에서 주의 사자와 정면충돌해 씨름했습니다. 하나님과 독대함으로 주 적의 대상이 형 에서에서 바뀌었습니다.

야곱은 사랑하는 어머니 곁을 떠나고 20년간 처가살이를 하면서 서러운 우여곡절의 세월을 보냈습니다. 하나님은 야곱을 변화시키셔서 이스라엘을 만드시고, 그 밑에 12지파를 만들어 이스라엘 민족을 이루셨습니다. 한 사람의 삶은 죽는 것으로 끝나지 않습니다. 그의 존재감과 영향력은 수천 대까지 내려갑니다. 독특한 명가를 이루기 위해 하나님의 아름다운 스토리를 만들어 가는 축복의 가정이 되기를 바랍니다.

김문훈 목사님의 해당 설교 영상을 볼 수 있습니다.

마마의 집

사람이 살아가면서 '이 사람을 좋아하다 죽
어도 좋아' 하는 것을 사랑이라 하고, '이 일
을 하다 죽어 버려도 좋아' 하는 것을 사명
이라고 합니다. 마리아가 그러했습니다. 마
리아는 가장 사랑하는 예수님을 만났고, 그
분을 위해 아낌없이 헌신했습니다. 하나님
은 합력하여 선을 이루십니다. 우리의 섬김
과 솜씨를 통해서, 또 작은 드림을 통해서
가족이 춤추고, 집안이 살아나고, 교회가 부
흥되고, 이 땅이 회복된다면 얼마나 멋진 일
이겠습니까! 우리는 '마마의 집', 즉 마르다
처럼 섬기고 마리아처럼 기도하는 가정으로
만들어야 합니다. 마르다의 섬김의 손길이
집 안을 따뜻하게 합니다. 우리는 신앙생활

을 할 때 가든지 보내든지 배우든지 섬기든지 보태야 합니다. 무엇인가를 하다 보면 그 가운데 묘목이 지나서 거목이 되고, 자기 스타일이 나오기 마련입니다. 하나님은 나무를 키우시지만 숲도 가꾸시고, 하나님은 나의 기도를 들으시지만 우리 모두의 소원을 들으시며, 하나님은 내 약점이 강점 되게 하시고, 나만의 독특한 한계점마저도 흠허물이 되지 않고 오히려 다듬는 도구로 사용해 주십니다. 그로써 다양성 가운데 일치를 이루는 공동체를 이루어 가십니다. 나사로와 마르다, 마리아의 가정처럼 주님과의 독특한 스토리가 있는 가정, 향기가 진동하는 가정을 이루기를 권면합니다.

오직 성령

"그런즉 너희가 어떻게 행할지를 자세히 주의하여
지혜 없는 자같이 하지 말고 오직 지혜 있는 자같이
하여 세월을 아끼라 때가 악하니라 그러므로 어리석
은 자가 되지 말고 오직 주의 뜻이 무엇인가 이해하
라 술 취하지 말라 이는 방탕한 것이니 오직 성령으
로 충만함을 받으라 시와 찬송과 신령한 노래들로 서
로 화답하며 너희의 마음으로 주께 노래하며 찬송하
며 범사에 우리 주 예수 그리스도의 이름으로 항상
아버지 하나님께 감사하며 그리스도를 경외함으로
피차 복종하라 아내들이여 자기 남편에게 복종하기
를 주께 하듯 하라 이는 남편이 아내의 머리 됨이 그
리스도께서 교회의 머리 됨과 같음이니 그가 바로 몸
의 구주시니라 그러므로 교회가 그리스도에게 하듯
아내들도 범사에 자기 남편에게 복종할지니라 남편
들아 아내 사랑하기를 그리스도께서 교회를 사랑하
시고 그 교회를 위하여 자신을 주심같이 하라"
(엡 5:15-25).

에베소서는 우리가 예수님을 만나면 새로운 신분이 되고, 새로
운 관계가 형성되고, 새로운 만남이 이루어져서 새로운 공동
체가 형성된다는 주제를 담고 있습니다. 특히 5장에는 세 가지
'오직'이 나오는데 여기에 주목해 보려 합니다. 에베소서의 '오
직 시리즈'입니다. 15절 "오직 지혜 있는 자같이 하여", 17절 "오
직 주의 뜻이 무엇인가 이해하라", 18절 "오직 성령으로 충만함

을 받으라"입니다.

15절에는 '그런즉'이, 17절에는 '그러므로'가 나옵니다. 이는 앞에 나오는 교리적인 내용을 전제하는 접속사입니다. 우리가 하나님의 마음을 이해하면 지혜로운 삶을 살아야 하는데, 그런즉, 그러므로 어떻게 행해야 하느냐는 것입니다. 그 해답을 '오직 시리즈'에서 찾을 수 있습니다.

'오직 시리즈'의 첫 번째는 "그런즉 너희가 어떻게 행할지를 자세히 주의하여 지혜 없는 자같이 하지 말고 오직 지혜 있는 자같이 하여"라는 15절에서 찾아볼 수 있습니다. 우리는 어떻게 행할지를 자세히 주의하여 지혜로운 삶을 살아가야 합니다. 우리가 주의해야 할 세 가지가 있습니다. 영어로 'Who', 'What', 'How'입니다. 누구를 만나서, 어떤 일을 하고, 어떻게 행하는가를 자세히 주의해야 하는 것입니다.

또한 어떤 일을 행할 때 주의해야 할 여섯 가지 원칙이 있습니다. 첫째, 디테일해야 합니다. 깐깐하고 철저하고 알뜰해야 합니다. 둘째, 타이밍이 중요합니다. 모든 것은 때가 있습니다. 때를 놓치지 말고 세월을 아껴야 합니다. 셋째, 베스트를 기해야 합니다. 최선과 최상, 최대와 최고를 지향해야 합니다. 넷째, 피드백이 있어야 합니다. 대화가 있어야 한다는 것입니다.

다섯째, 네트워크가 되어 있어야 합니다. 구슬이 서 말이라도 꿰어야 보배이듯 연결되어 있어야 합니다. 여섯째, 매뉴얼을 만들어야 합니다. 어떻게 살아가야 할지 삶의 지침인 매뉴얼을 만들 때 지혜 있는 자가 됩니다. 지혜가 중요합니다.

야고보서 1장 5절은 "너희 중에 누구든지 지혜가 부족하거든 모든 사람에게 후히 주시고 꾸짖지 아니하시는 하나님께 구하라 그리하면 주시리라"라고 말합니다. 솔로몬은 일천번제를 드린 후 하나님께 지혜를 간구했습니다. 지혜는 하나님이 주시는 것이지, 사람이 배워서 갖추는 것은 지식이라고 합니다. 복 있는 사람은 지혜 있는 사람이요 영적 통찰력이 있는 사람입니다. 지혜 있는 사람은 세월을 아껴 자신의 남은 날을 잘 관리합니다.

'오직 시리즈'의 두 번째는 17절 "그러므로 어리석은 자가 되지 말고 오직 주의 뜻이 무엇인가 이해하라"라는 말씀에 나옵니다. 하나님의 뜻은 행복이 아니라 거룩입니다. 거룩을 따라가면 행복도 건강도 축복도 보너스로 따라오게 되어 있습니다. 또한 하나님의 뜻은 성공이 아니라 섬김이며, 데살로니가전서 5장 16-18절 말씀대로 항상 기뻐하고, 쉬지 말고 기도하고, 범사에 감사하는 것입니다. 우리는 재미를 따라가지 말고 의미를 따라 살아야 합니다. 정으로 살지 말고 뜻으로 살아야 합니다.

오직 하나님의 뜻을 따라야 합니다.

세 번째 '오직 시리즈'는 18절에 나옵니다. "술 취하지 말라 이는 방탕한 것이니 오직 성령으로 충만함을 받으라." 하나님은 쇼핑 중독, 알코올중독, 게임 중독 등 오늘날과 같은 중독 사회에 술 취하지 말라고 명하십니다. 사람이 술을 마시지만 술이 사람을 마신다는 말이 있습니다. 술 취하면 허랑방탕하게 흘러갑니다. 우리는 오직 성령의 충만함을 받아야 합니다.

성경을 잘 보십시오. 18절 "오직 성령으로 충만함을 받으라"라는 말씀을 경계로 에베소서의 내용이 바뀝니다. 성령 충만을 받으면 유익한 삶으로 이어진다는 말씀으로 전개됩니다. 즉 시와 찬송과 신령한 노래들로 서로 화답하며(19절), 범사에 감사하고(20절), 피차 복종하고(21절), 아내들은 남편에게 복종하고(22절), 남편들은 아내를 사랑하고(25절), 부부가 서로 사랑하고 존경하게 됩니다(33절). 그리고 6장으로 이어져 자녀들이 순종하고(1절), 아비들이 자녀를 노엽게 하지 않고 주의 교훈과 훈계로 양육하고(4절), 종들이 성실한 마음으로 일을 하고(5절), 상전들이 위협을 그치게 되고(9절), 강건해지고(10절), 끝으로 하나님의 전신 갑주를 입어 하나님의 사람으로서 전혀 새로운 관계와 공동체를 이루게 됩니다(11절). 이것이 성령의 능력입니다.

성령께서 우리의 마음을 감화, 감동시키시고 충만하게 역사하실 때 성령 충만, 은혜 충만, 진리 충만해 갈라디아서 5장 22-23절에 나오는 성령의 열매가 나타납니다. 사랑과 희락과 화평과 오래 참음과 자비와 양선과 충성과 온유와 절제입니다. 하나님이 주시는 열매이지요.

사랑은 아무나 하는 것이 아닙니다. 사랑에도 기술이 있습니다. 희락은 즐거움입니다. 삶에 활기가 있고 생기가 있는 것입니다. 화평은 어디 가든 피스 메이커가 되는 것입니다. 화평케 하는 자는 하나님의 자녀가 됩니다. 오래 참음은 버티는 것입니다. 자비는 무조건적인 사랑, 불쌍히 여기는 마음입니다. 양선은 젠틀맨을 말합니다. 젠틀하다는 것은 우리말로 하면 양반이요 신사의 품격이 있다는 뜻입니다. 충성은 성실함을 의미합니다. 온유와 절제는 어떤 면에서 밸런스입니다. 성령 충만하면 삶에 균형이 잡힙니다.

이와 같은 성령의 열매는 인간의 맨 정신으로는 거둘 수가 없습니다. 신앙의 인물들을 보십시오. 그들은 모두 성령께 민감했습니다. 정에 끌린 육에 속한 사람이 아니라 성령의 인도하심, 감동하심에 끌린 영에 속한 사람이었습니다. 인간관계 가운데 나타나는 최고의 성품이요 오직 성령 충만할 때만 거둘 수 있는 성품입니다. 성령의 열매가 주렁주렁 나타나는 사람은 어디를 가든 사랑받고 존경받고 아름다운 삶을 살아 새로운 관계를 형성하고 새로운 공동체를 만들어 갑니다. 우리도 그러한 삶을 살아야 하지 않겠습니까?

그러므로 우리는 성령을 근심하게 해 드려서는 안 됩니다. 성심을 거두시게 해서는 안 됩니다. 성령을 소멸하거나 훼방하지 말고 오직 하나님을 경배하고, 예수님을 사랑하고, 성령님을 환영해야 합니다.

사도 바울은 에베소서 5장을 마무리하면서 "이 비밀이 크도다"(32절)라고 말했습니다. 그리고 마지막 33절에서는 사랑하고 존경하라고 강조했습니다. 단순히 인간 처세술을 말하기 위함이 아닙니다. 앞에서 가정생활, 직장 생활에 대해 이야기한 뒤 인간관계를 잘하기 위한 방법으로 사랑하고 존경하라고 이야기한 것이 아닙니다. "나는 그리스도와 교회에 대하여 말하노라"(32절).

사실 사랑과 존경은 공존할 수 없습니다. 존경하는 대상을 사랑하는 것은 불가능합니다. 그러나 신앙의 세계에서는 가능합니다. 아무리 수준이 안 맞는 사람이라도 그리스도께서 나 같은 죄인을 자비롭게 여기고 받아 주신 것처럼 그리스도의 마음을 가지면 사랑하지 못할 사람이 없습니다. 그러니 맨 정신으로는 불가능한 이야기인 것입니다. 하나님 아버지의 마음, 성령님의 감화, 감동을 받아 성령 충만, 은혜 충만, 진리 충만할 때만 가능한 것입니다. 그래서 예수 믿는 사람은 신분이 새로워지고 새로운 공동체를 소유하게 되는 것입니다.

우리는 성령 충만한 상태를 잘 유지해야 합니다. 성신을 거두어 가시는 일이 없도록 성령님을 가까이하고, 하나님의 말씀을 잘 들으십시오. 그러면 우리의 삶에 지혜와 명철이 나타날 수밖에 없습니다. "오직 성령으로 충만함을 받으라"라는 말씀을 기준으로 앞뒤가 쫙 갈라지는 것을 보십시오. 성령 충만을 받고 난 뒤 좋은 일이 줄지어 나타나는 것입니다.

지금 심령의 상태가 어떻습니까? 하나님을 가까이하는 것이 복이요 하나님을 멀리하는 것이 저주임을 잊지 맙시다. 성령 충만한 사람은 불입니다. 이열치열이라고 우리는 뜨겁고 열렬하게 살아야 합니다. 날마다 오직 지혜, 오직 하나님의 뜻, 오직 성령 충만을 감당하는 우리 모두가 되기를 바랍니다.

여리고 대진격

이스라엘 백성들은 하나님의 명령을 따라 여리고 성으로 진군했습니다. 그런데 여리고는 굳게 닫혀 있었습니다(1절). 이스라엘 백성들이 얼마나 허탈했겠습니까? 애굽에서 수백 년간 종살이를 하다가 해방되었을 때 기쁨도 잠시, 홍해가 앞을 가로막았고, 홍해를 도하하고 나니 광야 생활 40년이 기다리고 있었으며, 요단 강을 건너 드디어 고생이 끝난 줄 알았는데 여리고 성이 또 앞을 막고 있었던 것입니다. 세상을 살아가다 보면 여리고 성처럼 앞을 가로막고 있는 난공불락의 상황을 맞닥뜨리게 됩니다. 하나가 끝나면 또 하나가 나타나고 끝이 날 것 같지 않습니다.

자, 그렇다면 이스라엘 백성들이 여리고 성으로 진군할 때 어떤 일이 있었을까요? 여리고 대진격 시 그들이 보여 준 믿음은 오늘날을 살아가는 우리에게 큰 도전이 됩니다.

여리고 성으로 진격하기에 앞서 여호수아 5장에는 이스라엘 백성들이 할례를 받는 장면이 나옵니다. 전쟁을 치르기 전에 할례를 받다니 좀 의아합니다. 그렇습니다. 이스라엘 백성들은 여리고 성 전쟁을 치르기 전에 먼저 정결 예식을 행한 것입니다. 예수님도 공생애 사역을 시작하시기 전에 세례를 받으셨습니다. 세례란 깨끗이 씻는 것입니다. 성공보다 중요한 것이 성결입니다. 하나님은 거룩한 사람, 깨끗한 그릇을 축복의 통로로 쓰시기 때문입니다.

1절은 "이스라엘 자손들로 말미암아 여리고는 굳게 닫혔고 출입하는 자가 없더라"라고 말합니다. 이스라엘 백성들이 가만히 있어도 주변 나라들이 겁을 먹고 옴짝달싹 못했다는 것입니다. 예수 믿는 사람은 존재감이 남달라야 합니다. 소금물을 들이키면 갈증이 나듯이 성도는 사람들에게 갈증을 유발하는 존재가 되어야 합니다. 우리는 연약한 존재이지만 하나님이 우리를 붙드시기 때문에 어디를 가든 존재감을 드러내고 영향력을 미치게 되어 있습니다. 당연한 것입니다. 어디서든 많은 사람들에게 도전을 주고, 생각하고 고민하게 만드는 존재가 그리스도인인 것입니다.

여리고는 굳게 닫혀 있었지만 하나님이 그 성을 이스라엘 백성들에게 넘겨주셨습니다(2절). 하나님이 이미 결재를 끝내셨다는 뜻입니다. 소명을 받은 하나님의 사람들은 해결하기 어려운 문제를 만났을 때 그 규모에 겁을 내지 않습니다. 문제의 난이도가 아니라 하나님이 결재를 하셨는가가 중요한 문제이기 때문입니다. 우리는 어떤 일을 하기 전에 먼저 하나님께 여쭤 보는 습관을 들여야 합니다.

전투를 앞두고 온갖 전술과 전략이 구사되어야 마땅한데 요구가 좀 특이합니다. 하나님은 단지 "성 주위를 매일 한 번씩 돌되 엿새 동안을 그리하라"(3절)라고 말씀하셨습니다. 매일 한 바퀴씩 돌라고 하신 것입니다. 게다가 외치지도 말고, 음성을 들리게 하지 말며, 입에서 아무 말도 내지 말다가 명령하는 날에 외치라고 말씀하셨습니다(10절). 미련하게 일주일을 돌라는 것입니다. 말이 안 되는 명령이지요.

그렇기 때문에 이 위대한 역사를 이루기 위해서는 첫째로, 믿음이 있어야 했습니다. 하나님이 허락하셨다는 확신이 있어야 했습니다. 둘째로, 그냥 순종해야 했습니다. 하나님은 비합리적인 일을 명령하셨을 때 순종하는 마음을 보십니다. '우보천리(牛步千里)', 우직한 소걸음으로 천 리를 갑니다. 미련하고 답답한 걸음이 천 리를 간다는 뜻입니다. 모든 것이 실용주의적인 시대에 성경 말씀은 어쩌면 바보들의 대행진인 셈입니다. 그런 상황에서 하나님은 이스라엘 백성들의 순종을 보시고 믿음을 보시는 것입니다. 하나님은 구원 역사를 이루실 때도 전도의 미련한 것으로 하십니다.

16절은 "일곱 번째에 제사장들이 나팔을 불 때에 여호수아가 백성에게 이르되 외치라 여호와께서 너희에게 이 성을 주셨느니라"라고 말합니다. 백성들이 외치자 성이 와르르 무너졌습니다. 사람의 말에는 자기만의 파장이 있고 주파수가 있습니다. 말이 씨가 된다는 표현이 있지 않습니까? 믿음이 좋은 사람은 약속의 말씀을 붙들고 나아갑니다. 마음으로 믿어 의에 이르고, 입으로 시인해서 구원받기 때문에 우리는 약속의 말씀을 선포해야 합니다.

믿음 찬 사람을 보십시오. 그는 배짱이 있어 말을 앞세웁니다. 파장에 힘이 있는 것입니다. 난공불락의 성 여리고는 마지막 날 나팔을 불고 외칠 때 한 방에 무너졌습니다. 기도는 길어도 응답은 순간인 것입니다. 계속해서 부정적인 말을 하면 마음이 위축되어 아무 일도 하지 못하게 됩니다. 입술에 쓴 물을 흘리지 말고 축복권을 사용하십시오.

여리고 성은 난공불락의 성이었습니다. 누구에게나 도무지 해결할 수 없는 나만의 여리고가 있기 마련입니다. 건강의 여리고, 사업의 여리고 등 통과해야 하는데 도무지 해결되지 않는 일이 있습니다. 그때는 어떻게 해야 할까요? 미련하게 기도하는 일 외에 없습니다. 의미 없어 보일지라도 반복적으로 기도할 때 마일리지가 쌓여 닫혔던 여리고 성이 한순간에 무너집니다. 이러한 대역사가 있기까지는 많이 울어야 하고, 많은 내공을 쌓아야 합니다. 이것이 신앙의 세계입니다.

전쟁이 끝나고 여리고 성에서 살아남은 사람들은 라합 집안뿐이었습니다. 라합은 무너지는 성읍에서 자신이 어떻게 처신해야 살아남을지를 판단했습니다. 하나님의 백성이 되기로 결단한 뒤 여리고 정탐꾼들에게 자신의 목숨을 건져 줄 것을 요구했습니다(2:13-15). 그런 라합의 집안에 다윗이 고손자로 태어났습니다. 그리고 예수 그리스도의 계보까지 이어졌습니다. 그 예수님이 사망과 흑암과 죽음의 권세를 이기고 다시 살아나신 날이 바로 부활절입니다.

어떤 종교에도 부활절은 없습니다. 모든 것은 죽고 사라지고 말지만 기독교에는 회복되고 소생되는 역사가 있습니다. 예수 부활이 나의 부활이고, 예수 승리가 나의 승리가 되는 것이 기독교 역사입니다. 다시 살아나신 승리의 DNA를 소유하고 있는 우리는 오늘날 이 땅의 모든 우울하고 어두운 것을 파하고 선포함으로 삶과 사역을 승리로 이끌어야 하겠습니다.

 김문훈 목사님의 해당 설교 영상을 볼 수 있습니다.

다시 살아나신 승리의 DNA를 소유하고 있는 우리는
오늘날 이 땅의 모든 우울하고 어두운 것을 파하고
선포함으로 삶과 사역을 승리로 이끌어야 하겠습니다.